Bernd Rüthers

Das Ungerechte an der Gerechtigkeit

Bernd Rüthers

Das Ungerechte an der Gerechtigkeit

Fehldeutungen eines Begriffs

3., überarbeitete und ergänzte Auflage

Mohr Siebeck

Bernd Rüthers; geboren 1930; 1958 Promotion; 3 Jahre im Personalwesen eines Großkonzerns; 1967 Habilitation; ehem. Richter am OLG im Nebenamt; emeritierter o. Professor für Zivilrecht und Rechtstheorie der Universität Konstanz; mehrere Ehrendoktorate, Honorarprofessuren und Wissenschaftspreise; Vorstand der Stiftung Demoskopie Allensbach.

1. Auflage 1991 (Edition Interfrom, Zürich).
2. Auflage 1993 (Edition Interfrom, Zürich).
3. Auflage 2009 (Mohr Siebeck).

ISBN 978-3-16-149919-7

Die deutsche Nationalbibliothek verzeichnet diese Publikation in der Deutschen Nationalbibliographie; detaillierte bibliographische Daten sind im Internet über *http://dnb.d-nb.de* abrufbar.

© 2009 Mohr Siebeck Tübingen.

Das Werk einschließlich aller seiner Teile ist urheberrechtlich geschützt. Jede Verwertung außerhalb der engen Grenzen des Urheberrechtsgesetzes ist ohne Zustimmung des Verlags unzulässig und strafbar. Das gilt insbesondere für Vervielfältigungen, Übersetzungen, Mikroverfilmungen und die Einspeicherung und Verarbeitung in elektronischen Systemen.

Das Buch wurde von Gulde-Druck in Tübingen gesetzt, auf alterungsbeständiges Werkdruckpapier gedruckt und von der Buchbinderei Nädele in Nehren gebunden.

„Wir hatten Gerechtigkeit erwartet, bekommen haben wir den Rechtsstaat."

Bärbel Bohley, Bürgerrechtlerin der DDR, 1991.

„... der Versuch, den Himmel auf Erden einzurichten, erzeugt stets die Hölle."

Karl R. Popper, Die offene Gesellschaft und ihre Feinde, Bd. II, 7. Aufl., Tübingen 1992, S. 277.

„In Deutschland kann man, statt einen Prozess zu führen, ebenso gut würfeln ... Unter den in der Bundesrepublik obwaltenden Verhältnissen von den Gerichten Gerechtigkeit zu fordern, ist illusionär"

Willi Geiger, Deutsche Richterzeitung 1982, Seite 325. Geiger war zunächst Staatsanwalt an einem NS-Sondergericht, dann Richter am Reichsgericht von 1935–1945, am Bundesgerichtshof Präsident eines Senates, von 1951 bis 1977 Richter am Bundesverfassungsgericht.

„Justiz hat mit Gerechtigkeit so viel zu tun wie die Landeskirchenverwaltung mit dem lieben Gott."

Herbert Rosendorfer, Richter und Schriftsteller, zitiert nach „Sonntagsblatt", Evangelische Wochenzeitung in Bayern, 12. Juni 2005.

Zur dritten Auflage

„Das Ungerechte an der Gerechtigkeit" erregt und irritiert die Menschen. Die Kluft zwischen den Erwartungen der Bürger an den Staat und ihren Erfahrungen, zwischen ihren Ansprüchen an die gesellschaftlichen Eliten und den enttäuschenden Realitäten, ist seit dem ersten Erscheinen des Buches zunehmend größer geworden.

Zahlreiche Parteispendenaffären von Spitzenpolitikern vieler Parteien, Wirtschaftsführern und Großkonzernen haben die verfassungsgemäße politische Entscheidungsfindung in Deutschland ins Zwielicht gerückt.

Die Gerechtigkeitsfrage hat, nicht nur durch die Gier und das Fehlverhalten vieler sog. Prominente, eine neue Brisanz erhalten. Die verzerrten Vermögens- und Einkommensentwicklungen der letzten Jahre haben das Thema der „Gerechtigkeitslücken" zu einem systemrelevanten, potentiellen Sprengstoff werden lassen.

Dubiose, hinter verschlossenen Türen ausgemachte „Deals" der Strafjustiz mit prominenten Angeklagten in mitbestimmten Unternehmen (Hartz bei VW, Ackermann, Esser u. a. bei Mannesmann, Zumwinkel bei der Post) haben bundesweit an das Sprichwort erinnert: Die Kleinen hängt man, die Großen läßt man laufen.

Der vom VW-Vorstand über Jahre hin unter Beteiligung zahlreicher Gewerkschafsfunktionäre mit Millionen finanzierte Mitbestimmungssumpf, analoge Praktiken im Hause Siemens bei gleichzeitigen international gestreuten Bestechungssummen in Milliardenhöhe, Steuerhinterziehungen als „Hobbysport" reicher Wirtschaftführer haben das Vertrauen in das Ethos der Marktwirtschaft und ihre Eignung zu sozialem Ausgleich nachhaltig erschüttert. In der Summe der Phänomene stellt sich die Frage, ob Deutschland in eine korrupte Gesellschafts- und Staatsordnung hinein gleitet.

Das ist keine nationale Erscheinung. Die versuchte Sanierung und das Grounding-Debakel bei der Swissair, die abenteuerlichen internationalen Spekulationskatastrophen der Bankenkrise unter maßgeblicher Beteiligung der Leitungsorgane auch staatlicher Bankinstitute, das alles hat dem Thema eine für das Gesamtsystem des Rechtsstaats bedrohliche Aktualität eingebracht.

Hinzukommen dramatische Unrechtsentwicklungen im politischen Bereich. Zu verweisen ist etwa auf die Umstände der Invasion der USA in den Irak, die kriegerischen Vorgänge zwischen Israel und den Palästinensern, die wechselseitige Mißachtung der Menschenrechte zwischen den Kriegsparteien und die Vergiftung des zwischenstaatlichen Klimas durch einen skrupellosen Terrorismus mit verheerenden Folgen für die Zivilbevölkerung. Guantanamo ist ein zusätzlich mahnendes Beispiel.

Das Vertrauen in Recht und Gerechtigkeit hat weltweit einen Tiefpunkt erreicht. Wenn „Gerechtigkeit" das Fundament aller staatlichen Ordnung sein und bleiben soll, ist eine neue Besinnung auf ihre erreichbaren Grundbedingungen unerläßlich. Die deutsche Juristenausbildung hat seit Jahrzehnten die Grundlagenfächer der Rechtsphilosophie, der Rechtsgeschichte und der Juristischen Methodenlehre zu Wahlfächern herabgestuft. Jetzt treten einzelne Landesminister der Justiz (Baden-

Württemberg, Nordrhein-Westfalen) mit ihrer Propaganda für die Billig-Ausbildung nach dem „Bologna-Modell") für ihre endgültige Marginalisierung ein. Die Mehrzahl der so ausgebildeten Juristen wird dann von dem, was Recht und Gerechtigkeit in Geschichte und Gegenwart bedeuten, im Studium nichts mehr gehört haben. Deshalb und dagegen ist dieses Buch geschrieben worden.

Falera GR, im Februar 2009 　　　　　　Bernd Rüthers

Zur zweiten Auflage

„Das Ungerechte an der Gerechtigkeit" fesselt die Menschen, füllt die Vortragssäle, erregt Zustimmung und Widerspruch. So ist in kurzer Frist die zweite Auflage dieses Büchleins notwendig geworden.

Die Kluft zwischen den Gerechtigkeitserwartungen der Bürger an den Staat, zwischen ihren Ansprüchen an das Verhalten der „politischen Klasse" und den enttäuschenden Realitäten ist in der Zeit zwischen den beiden Auflagen eher gewachsen. Besonders kraß wird diese Kluft von den Bewohnern der früheren DDR empfunden. Sie erleben das Ungerechte in dem für sie unbekannten, oft befremdlichen Rechtsstaat besonders schmerzlich. Ich habe die Schrift um ein Postscript II ergänzt, das auf neue Entwicklungen und die Erfahrungen des Honecker-Prozesses eingeht.

Konstanz, im März 1993

Inhalt

Vorworte	VII
Statt einer Einführung: Bausteine und Prägefaktoren von Gerechtigkeit	1
I. Gerechtigkeit, Wahrheit und Wertbilder . .	11
1. Religion und Gerechtigkeit: Das Risiko absoluter Gewißheiten	12
2. Die Pluralität letzter Gerechtigkeiten . .	15
3. Religion in einer pluralen Ordnung . . .	22
4. Die Notwendigkeit der Metaphysik im Recht.	30
II. Reformation, Recht und Staat	33
1. Zur Rechtslehre oder „Rechtstheologie"	33
2. Die Wirkungen der Reformation auf Staat und Recht.	47
3. Rationales Naturrecht als Weg zu Humanität und Toleranz?.	51
4. Recht und Sinnfrage	53
5. Pluralismus und Grundrechtsdemokratie als späte Frucht der Reformation	54

III.	Gesetzessprache und Systemgerechtigkeit .	57
	1. Sozialer Wandel und Recht	59
	2. Sprache und Recht	62
	3. Gerechtigkeit und Recht.	68
	4. Rechtsidee und Recht	77
IV.	Gesetzesauslegung, Interpretation und Verantwortung	85
	1. Systemwechsel als Interpretationsproblem	89
	2. Das juristische Instrumentarium der „völkischen Rechtserneuerung"	93
V.	Richterrecht und Rechtssicherheit.	114
	1. Die Grenzen der gesetzten Rechtsordnung	115
	2. Die Notwendigkeit richterlicher Rechtsfortbildung	119
	3. Die Grenzen der „Ersatzgesetzgebung"	122
	4. Die „Fortbildung" des Rechts.	123
	5. Richterrecht als Rechtsquelle?	126
	6. Die Gefahren des Richterrechts.	129
	7. Gerechtigkeit durch Strafrecht?.	136
	8. Nach dem Honecker-Prozeß	142
VI.	Verfassungsrecht: Mit den Regeln spielt man nicht	151

Inhalt XV

VII. Was bleibt von der Gerechtigkeit? 159
   1. Zur Herkunft und Zukunft des Begriffs 159
   2. Die Vorzüge realistischer Skepsis 171
   3. Die Subjektivität der Maßstäbe 172
   4. Die Konkurrenz der Gerechtigkeiten als Wettstreit von Ideologien 174
   5. Zeitgeist und Gerechtigkeit im Wechsel der Systeme: Die Erfahrung zerbrochener Träume 176
   6. Die unvollkommenen Gerechtigkeiten als Preis des liberalen Verfassungsstaates 178

Namensregister 181

Schriften des Verfassers zum Thema Gerechtigkeit 185

> „Unsere Gerechtigkeiten sind
> wie ein schmutziges Kleid"
> Jesaia 64,5

Statt einer Einführung:
Bausteine und Prägefaktoren von Gerechtigkeit

Das Ungerechte an der Gerechtigkeit wird vielen Lesern auf den ersten Blick als ein Widerspruch in sich oder als eine Provokation erscheinen. Was soll ungerecht sein an der wirklichen Gerechtigkeit?

Was gerecht ist, weiß ein jeder, so meinen jedenfalls viele. Wo aber findet man sie sicher, diese allen scheinbar so vertraute und scheinbar eindeutige Gerechtigkeit? Sicher nicht bei den staatlichen Gerichten. Wer von dort kommt, ist in der Regel unzufrieden. Wer feiert schon die Gerechtigkeit der Justiz, wenn er, mit dem Urteil in der Hand, vom Scheidungsrichter, aus einem Rechtsstreit mit Nachbarn, nach einem Verkehrsunfall oder nach einem Erbschaftsprozeß nach Hause kommt. Der subjektive Kontakt mit der Justiz hinterläßt in aller Regel schmerzhafte Erfahrungen, stärkt selten das Vertrauen in die Gerechtigkeit des Rechts und der Gerichte. Wer empfindet schon seinen Strafbefehl wegen Geschwindigkeitsüberschreitung an der Autobahnbaustelle als einen Triumph des Rechtsstaates, was er doch auch ist?

Die Frage lautet: Was heißt „Gerechtigkeit", und hat das Wort Gerechtigkeit für alle dieselbe Bedeutung?

Die Bausteine der subjektiven Bilder von Gerechtigkeit bei den einzelnen Bürgern sind vielfältig. Da ist zunächst das soziale Weltbild des Elternhauses, das sich jedem Menschen als Kind einprägt und unbewußt auf unabsehbare Zeit seine Gerechtigkeitserfahrung, sein Empfinden und seine späteren Maßstäbe prägt, sei es in Anpassung oder im Widerstand. Da ist das soziale Milieu der Schule, des Ausbildungssystems, der übrigen Erlebnisbereiche des Jugendlichen (Sport, Kirche, Jugendverband, Disco usf.). Die „Kindheitsmuster" wirken lebenslänglich fort.

Das Klima der Berufswelt ist ein weiterer, oft verkannter, ungemein wirksamer Prägefaktor für soziale und politische (Vor-)Urteile und Maßstäbe der in ihr Tätigen. Die Bundesrepublik ist nach dem Grundgesetz ein demokratischer und sozialer Rechtsstaat (Art. 20 und 28 GG). Die Inhalte dieser Begriffe („demokratisch", „sozial", „Rechtsstaat") werden für die weisungsgebunden tätigen Arbeitnehmerinnen und Arbeitnehmer (das sind mehr als 75% der Erwerbstätigen) maßgeblich durch ihre Erfahrungen am Arbeitsplatz mitbestimmt. Für die Arbeiter am Band oder vor dem Hochofen ist die Bundesrepublik so rechtsstaatlich, sozial und demokratisch, so „gerecht", wie er sie in seinem Bereich täglich erlebt. Dort bringt er den prägewirksamsten Teil seiner bewußten Lebenszeit zu.

Aus dem Voranstehenden wird deutlich: Menschen in verschiedenen geschichtlichen, sozialen, kulturellen, religiösen, ideologisch geprägten Erlebniswelten haben verschiedene, nicht selten grundverschiedene Gerechtigkeitsvorstellungen. Es gibt sie nicht: die eine, fest umrissene, klar definierte Gerechtigkeit, jedenfalls nicht als empirisch feststellbaren Kernbestand des allgemeinen (Rechts-)Bewußtseins! Im Gegenteil, es kennzeichnet einen Grundzug des Menschen, daß er aus seinen eigenen Erfahrungen auch seinen Entwurf einer gerechten

Welt ableitet, das Bild einer ihm als „gerecht" erscheinenden Familien-, Gesellschafts- und Staatsordnung entwickelt.

Der Herkunfts- und Milieubezug der individuellen Gerechtigkeitsempfindungen hat noch einen weiteren, für das Urteilsvermögen des Menschen in Fragen der Gerechtigkeit wichtigen Aspekt: In das jeweilige Welt- und Gerechtigkeitsbild der Menschen gehen nach allem die sozialen Leitbilder und „Wertetafeln" ein, von denen sie geprägt, nach denen sie erzogen wurden. Diese sozialen Leitbilder enthalten immer auch schichtbezogene Interessenbewertungen. Die Rangfolge der sozialen Beurteilungsmaßstäbe wird im Sozialisationsprozeß der Schichtangehörigen verinnerlicht. Sie erscheint dann dem einzelnen oft als „objektive" Werteskala, obwohl sie stark subjektiv bestimmt ist. Als „gerecht" gilt in vielen Bereichen und bei vielen Menschen das, was der Verwirklichung von bestimmten individuellen oder kollektiven Interessen dienlich ist, in der Regel denen ihrer sozialen Schicht. Dieser reale, individuelle oder „Gruppen-Egozentrismus" bei der Festlegung der Vorverständnisse von Gerechtigkeit ist ein durchgängiges Element menschlicher Gerechtigkeitsbilder. Gerechtigkeitsideale sind immer auch interessenbestimmt.

Eines wird aus der individuellen, milieu- und interessenbezogenen Entwicklung persönlicher Gerechtigkeitsempfindungen deutlich: Sie sind in ihrer Vielfalt und Verschiedenheit nicht geeignet, einen verläßlichen, „objektiven", allgemein verbindlichen Maßstab für den Aufbau eines Gemeinwesens abzugeben, das seinerseits als eine gerechte Ordnung bezeichnet werden könnte. Die Gerechtigkeit muß daher als ein Begriff gedacht werden, der in der naturgegebenen Individualität der Menschen und ihrer unterschiedlichen sozialen Gruppen-Erfahrungen nur in der Mehrzahl gedacht werden kann. Zu jeder Grundsatzfrage in Staat und Gesellschaft gibt es verschiedene Gerechtigkeiten. In freiheitlichen Gesellschaften besteht so ein ständiger, offener, immer neu angeregter Wettbewerb zwischen den Gerechtigkeitsprogrammen der unterschiedlichen weltanschaulichen und sozialen Gemeinschaften und Interessengruppen.

Autoritäre oder totalitäre Weltanschauungen haben dagegen jeweils ein scharf umrissenes, uniformes Gerechtigkeitsbild, das jeden einzelnen Systemunterworfenen bindet. Die Verirrungen der jüngeren deutschen Geschichte in zwei totalitären Unrechtssystemen (Nationalsozialismus und SED-Regime) belegen das. Wer die jeweilige Systemideologie ablehnte oder ihre politische Praxis als staatlich organisiertes Verbrechen erkannte und kennzeichnete, war grausamer Verfolgung sicher. Die Methoden der Unterdrückung waren verschieden. Ihre Wirksamkeit und ihre Perfektion waren durchaus strukturell ähnlich: Eine totalitäre Gerechtigkeitsideologie sollte jeweils jeden Bürger zu absoluter Systemloyalität verpflichten. Wer sich außerhalb dieser Ideologie zu stellen oder zu behaupten wagte, wurde physisch oder psychisch zermalmt, wenn er sich nicht anpaßte.

Der freie, offen artikulierte, gesellschaftliche und politische Wettbewerb um die bessere Gerechtigkeit ist also ein wichtiges Unterscheidungsmerkmal zwischen einerseits freiheitlichen und andererseits totalitären Gesellschafts- und Staatsordnungen. Wettbewerb ist – auch hier – ein unverzichtbares Entdeckungsverfahren für sozialen Fortschritt, für Humanität, für Gerechtigkeit.

Wir haben bisher von individuellen, gruppen- oder schichtbezogenen Gerechtigkeitsbildern gesprochen, die in einem freiheitlichen Gemeinwesen im Wettstreit um die soziale und politische Willensbildung miteinander konkurrieren. Der politische Entscheidungsprozeß – etwa in der parlamentarischen Demokratie – führt in der jeweiligen Gestaltungsfrage eine der konkurrierenden Vorstellungen (nicht selten in der Form eines mehrheitsfähigen Kompromisses) zu normativer Verfestigung: Der politische Wille der Parlamentsmehrheit wird Gesetz. Aus dem unverbindlichen sozialethischen und politischen „Meinen" und „Wollen" verschiedener politischer Kräfte wird im Gesetzgebungsverfahren das für alle verbindliche „Gelten" und „Sollen" eines verfassungsmäßig verabschiedeten Gesetzes.

Die Konkurrenz der individuellen und gruppenbezogenen Gerechtigkeitsvorstellungen ist damit für die Geltungszeit des verabschiedeten Gesetzes beendet. Es ist entschieden, welches der konkurrierenden Gerechtigkeitsmodelle für die jeweilige Gestaltungsfrage den Vorzug bekommen hat und normativ verbindlich, also „geltendes Recht" geworden ist.

Der Gesetzgebungsprozeß entscheidet so inhaltlich über die Frage, welche Regelung im jeweiligen politischen System als „systemgerecht" angesehen wird oder werden soll. Diese „Systemgerechtigkeit" ist ein notwendiges Element jeder staatlichen und gesellschaftlichen Ordnung. Sie bildet dann den gültigen Maßstab staatlichen und privaten Handelns. Vor ihm, dem „Gesetz", sind nach dem Gleichheitssatz der Verfassung alle gleich. Ein geordnetes Gemeinwesen ist ohne diese Festlegung verbindlicher Verfahrensgrundsätze und Gestaltungsziele in allgemein gültigen Gesetzen nicht denkbar. Die Alternativen wären Willkür, Chaos und Anarchie.

Aber auch die jeweilige Systemgerechtigkeit, verkündet in der Form allgemeiner Gesetze, verbürgt nicht die eine ideale, überzeitliche, gleichsam „göttliche Gerechtigkeit" im Sinne eines letztgültigen Sozialideals. Sie wird von Menschen gemacht, ist irrtumsbefangen und schließt – auch bei bestem Willen der an der Gesetzgebung Beteiligten – rechtspolitische Fehler oder auch Akte gesetzgeberischer Willkür nicht aus. Im Gegenteil: Die Möglichkeit solcher Fehler und Schwächen muß in Kauf genommen, ja vorausgesetzt und eingeplant werden. Deshalb gibt es mehrere Gerichtsinstanzen und das Bundesverfassungsgericht. Jede Systemgerechtigkeit schließt die Inkaufnahme von Defiziten und Fehlern bei der Einzelfallgerechtigkeit ein. Auch die Urteile der jeweils letzten Gerichtsinstanz können falsch sein. Aber sie sind unanfechtbar. Die Opfer von Justizirrtümern müssen sich nach der Ausschöpfung aller Instanzen damit abfinden, daß die Zahl der Instanzen und die Zulässigkeit der Rechtsmittel im Interesse der Funktionsfähigkeit der Justiz und des Staates nicht grenzenlos, sondern endlich sind. Letzte Einzelfallgerechtigkeit können sie nicht verbürgen.

Die jeweilige Systemgerechtigkeit, also die „Gerechtigkeit" einer konkreten staatlichen Gesetzesordnung, ist abhängig von der Qualität und Funktionsweise des fraglichen politischen Systems. Die Deutschen haben in Fragen der Systemgerechtigkeit reichhaltige Erfahrungen in kurzer Zeitfolge gesammelt. Zwischen 1910 und 1990 haben sie fünf sehr verschiedene Systemgerechtigkeiten erlebt: im Kaiserreich, in der Weimarer Republik, im Nationalsozialismus, in der Bundesrepublik und im real existierenden Sozialismus der DDR. Vollkommene Gerechtigkeit kann nach allem von staatlicher Gesetzgebung und Rechtsprechung nicht erwartet werden, auch nicht von einer – noch so idealen – Verfassung oder Verfassungsgerichtsbarkeit.

Gesetz und Justiz sind jeweils Kinder ihrer Epoche, befangen in den Vorurteilen und Irrtümern, Begeisterungen und Versuchungen des wechselnden jeweiligen Zeitgeistes, den intellektuelle Schwärmer und Opportunisten aller Schattierungen gern mit dem vermeintlichen „Weltgeist" oder dem „Gesetz der Geschichte" verwechseln.

Mit dem Begriff der Gerechtigkeit, das will diese knappe Einführung sagen, läßt sich wunderbar und vielfältig spielen: Er gleicht dem Hut des Zauberers – es kommt immer das daraus hervor, was derjenige, der die Spielregeln bestimmt und die Requisiten bereitstellt, zuvor hineingetan hat. Solche Feststellungen sind anstößig, widersprechen sicher bei manchem Leser in ihrer relativierenden, aber auf historische Erfahrungen gegründeten Nüchternheit seinem anerzogenen Bewußtsein von der möglichen idealen, letzten Gerechtigkeit. Wir leben offenkundig in einem Gegensatz, ja Widerspruch, der unser Bewußtsein bestimmt und belastet: Das eine sind die enttäuschenden geschichtlichen Erfahrungen im Hinblick auf eine ersehnte unverbrüchliche letzte Gerechtigkeit als Kernsubstanz staatlicher Gesetzesordnung und staatlicher Justiz. Wir haben zu oft das Gegenteil erlebt, vor allem in Systemen totalitären Unrechts, aber auch im Alltag bundesrepublikanischer Gesetzgebung und Rechtsprechung (etwa bei Aufarbeitung des totalitären Unrechts nach 1945 und 1989).

Das andere ist der bei vielen Bürgern fortdauernde, subjektiv feste Glaube an die eine, unverbrüchliche, letzte Gerechtigkeit, die sich bei hinreichendem Bemühen der Verantwortlichen finden und verwirklichen lasse. Diese weitverbreitete Überzeugung von der einen Gerechtigkeit ist offenbar ein prägendes Merkmal unseres Kulturkreises, ja vielleicht humaner Existenz überhaupt.

Gibt es zwischen diesem Gegensatz, diesem Widerspruch zwischen der bescheidenen Wirklichkeit einer fragwürdigen, fehlerhaften, brüchigen und notdürftigen, staatlich vermittelten Systemgerechtigkeit einerseits und der Erwartung idealer, vollkommener Gerechtigkeit andererseits eine tragfähige Brücke, eine glaubwürdige Vermittlung, die das stark beschädigte und schwindende Rechts- und Justizvertrauen vieler Bürger wiederherstellen kann?

Das ist das Generalthema dieser Schrift, aber letztlich die Kernproblematik der Rechtswissenschaft überhaupt; ihre Themenfelder und Teildisziplinen zeigen jeweils neu, daß es bei jedem Versuch, durch Staat und Justiz Gerechtigkeit zu schaffen, gleichsam naturnotwendig Elemente der Ungerechtigkeit geben muß. Die Ursachen für dieses Ungerechte an der menschlichen Gerechtigkeit sind auf vier Kernpunkte zurückzuführen:

– Der Begriff der Gerechtigkeit ist beim einzelnen Bürger individuell geprägt. „Seine" Gerechtigkeit ist oft eine andere als die seines Gesprächs- oder Streitpartners, eine andere auch als die des zuständigen Gerichts.
– Der Begriff der Gerechtigkeit wird inhaltlich von dem weltanschaulichen Bezugsrahmen geprägt, aus dem er definiert wird. Jede Religion, jede Weltanschauung, jede Interessengruppe definiert „ihre" Gerechtigkeit.
– Die Konstrukteure der staatlichen Gesetze, also die gesetzgebenden Instanzen, formulieren allgemeine, vom Einzelfall bewußt losgelöste (generell-abstrakte) Vorschriften. Sie nehmen bewußt Mängel der Einzelfall-Entscheidung in Kauf, weil nur so, durch allgemein anwendbare Vorschriften, die Funktionsfähig-

keit komplexer politischer Systeme hergestellt und gewährleistet werden kann.
- Gesetze und Gerichtsurteile werden von Menschen gemacht. Sie sind daher unvermeidbar lücken- und fehlerhaft. Wer letzte Gerechtigkeit von irdischen Instanzen erwartet, scheitert notwendig an der Unerfüllbarkeit seiner illusionären Erwartungen.

Die folgenden Beiträge veranschaulichen – in möglichst gemeinverständlicher, für Nichtjuristen zugänglicher Form – allgemeine rechtstheoretische Aussagen und konkrete, teils kritische Anmerkungen zum Themenkreis einer gerechten, vor allem systemgerechten Staats- und Gesellschaftsordnung. Wenn sie dazu beitragen, die Erwartungen der Bürger an Recht und Justiz auf ein wirklichkeitsgerechtes Maß zurückzuführen, haben sie ihren Zweck erfüllt.

Die vorstehend angedeutete Position und Zielsetzung des Verfassers wird ihm gelegentlich als schrankenloser (Wert-)Relativismus angekreidet. Das ist ein Mißverständnis. Ich bin allerdings überzeugt, daß dem Menschen in Wertfragen der Zugang zu absoluten und unverrückbaren Wahrheiten sehr erschwert ist.

Gerechtigkeitsprobleme sind Wertfragen. Ihre Beantwortung hängt von weltanschaulichen (ideologischen) Prämissen ab. Niemand hat hier einen berechtigten Anspruch auf den Vollbesitz der Wahrheit oder gar ein Wahrheitsmonopol. Werte und Wertrelationen sind nicht empirisch oder logisch beweisbar. Aussagen über die wirkliche oder vermeintliche Gerechtigkeit einer Ordnung oder Entscheidung. Sie repräsentieren immer den letzten Stand des möglichen Irrtums ihrer Verkünder. Die Unfehlbarkeit solcher Aussagen ist ein möglicher Gegenstand des religiösen (oder pseudoreligiösen) Glaubens, nicht aber wissenschaftlich begründeter Erkenntnis.

Wir haben keine Kaste der Wissenden in Sachen Gerechtigkeit, auch wenn manche Disziplinen gelegentlich solche Ansprüche geltend machen; sie enden in der Regel kleinlaut. Das bedeutet nicht etwa die völlige Resignation der Rechtstheorie im Diskurs über gerechte Gesetze und Entscheidungen. Die Rechtswissenschaft hat ein reiches Erfahrungswissen aus Rechtsgeschichte und Rechtsvergleichung über mögliche Lösungsmuster für Gerechtigkeitsfragen.

Wir wissen zwar nicht mit der erwünschten Gewißheit, was letztlich gerecht ist. Die wissenschaftlich verläßliche, genaue und eindeutige *Eingrenzung* der absoluten Gerechtigkeit ist uns versagt. Schon Platon hat die Suche nach der Gerechtigkeit mit einer Treibjagd auf ein sehr scheues Wild verglichen. Aussichtsreicher ist dagegen die *Ausgrenzung* dessen, was nach allgemeiner Überzeugung als offensichtlich ungerecht zu gelten hat. Dabei bietet der Rückgriff auf rechtskulturelle Erfahrungen und Maßstäbe vieler Generationen, Rechtskreise und Kulturepochen der Menschheitsgeschichte eine wertvolle Hilfe. Geschichtswissenschaft, Philosophie und Jurisprudenz, nicht zuletzt die Religionsgeschichte bieten reiches Archivmaterial für die Bewährungen und Versagensformen der historisch *gewachsenen* und *wechselnden* (!) Kriterien der Gerechtigkeit.

Wo die gesicherte wissenschaftliche Erkenntnis über verläßliche Merkmale der absoluten Gerechtigkeit fehlt, bleibt dem Suchenden nur übrig, mit kritischer Distanz die jeweiligen Konsense und Akzeptanzen der Antworten des Zeitgeistes auf Gerechtigkeitsfragen zu analysieren und in ihren problematischen Bereichen bewußt zu machen.

I. Gerechtigkeit, Wahrheit und Wertbilder

Wir wissen aus Geschichte und Politik, wie leidenschaftlich um die „richtige" Gerechtigkeit gerungen wird. Wir wissen auch, welches Unheil im Namen der letzten, absoluten Gerechtigkeit, besonders in Religions- und Weltanschauungskriegen, angerichtet wurde. Karl Raimund Popper hat dazu einmal bemerkt: „Der Versuch, den Himmel auf Erden zu verwirklichen, produzierte noch stets die Hölle." Diese Beobachtung trifft auch für die Durchsetzung von absoluten Gerechtigkeitsvorstellungen zu.

Über die konkrete gerechte Lösung von Grundsatzproblemen der Gesellschaftsgestaltung wurde zu allen Zeiten lebhaft gestritten. Es ist das Kennzeichen freiheitlicher Ordnungen, daß man darüber verschieden denken, reden, schreiben und streiten darf.

Daraus folgt: *Die Pluralität von Gerechtigkeiten ermöglicht Freiheit. Die Singularität von Gerechtigkeit kann Herrschaft von Dogmatik, ja Dogmatismus bis hin zum Totalitarismus bedeuten.*

Gleichwohl gehört es notwendig zum Wesen eines funktionsfähigen Staates, daß in ihm ein einheitliches, für alle Bürger verbindliches Recht gilt. Jeder darf seine Vorstellung von Gerechtigkeit haben. Alle müssen das geltende Recht achten. Nur so können Chaos oder Bürgerkrieg dauerhaft vermieden werden.

1. Religion und Gerechtigkeit: Das Risiko absoluter Gewißheiten

Gerechtigkeitsfragen verweisen auf geglaubte Prämissen. Der Gläubige in einer Glaubensgemeinschaft Gleichgesinnter hat es leicht: Das Recht und die Gerechtigkeit kommen für ihn – in allen großen Religionen – primär von Gott. Bei Jeremias heißt es beispielhaft: „Ich will *mein Gesetz* in *ihr Herz* und in ihren Sinn schreiben", spricht Gott[1].

Dieser Grundgedanke, daß es ein „Naturgesetz" des Menschen gebe, welches Gott in das Herz eines jeden Menschen geschrieben habe und das ihm sage, was Rechtens sei, findet sich auch im Neuen Testament vielfältig wieder. Als Beispiel mag eine Stelle im Römerbrief des Apostels Paulus[2] genügen: „Wenn Heiden, die das Gesetz nicht haben, von Natur aus das tun, was im Gesetz gefordert ist, so sind sie, die das Gesetz nicht haben, sich selbst Gesetz. Sie zeigen damit, daß ihnen die Forderung des Gesetzes ins Herz geschrieben ist."

Das Verhältnis zwischen (theologischer) Wahrheit und Gerechtigkeit, zwischen Offenbarung und Gesetz wird allerdings im Alten wie im Neuen Testament äußerst vielfältig und dialektisch umschrieben. Jesus selbst betont die Pflicht zur strengen Treue gegenüber den Gesetzen des Alten Bundes[3]. Aber das Kommen Jesu hat etwas Entscheidendes verändert: „Denn das Gesetz wurde durch Moses gegeben, die Gnade und die Wahrheit kamen durch Jesus Christus[4]."

---
[1] 31, 33.
[2] 2, 14 f.
[3] Matthäus 5,17–20.
[4] Joh 1,17.

1. Religion und Gerechtigkeit

Damit ist nach der Lehre der Bibel eine neue Zeit angebrochen. Der Neue Bund ist ein Bund nicht des Buchstabens, sondern des Geistes: „Denn der Buchstabe tötet, der Geist aber macht lebendig[5]."

Der Satz ist natürlich auch auf das Verhältnis zwischen Geist und Gesetzesbuchstaben anwendbar. Das Evangelium des Neuen Bundes wird folgerichtig zu einer Befreiung des Christen vom Gesetz: „Denn Christus ist das Ende des Gesetzes, und jeder, der an ihn glaubt, wird gerecht[6]."

Noch deutlicher wird die Befreiung vom Gesetz aus dem Glauben in einem Christuswort: „Wenn ihr in meinem Wort bleibt, seid ihr wirklich meine Jünger; dann werdet ihr die Wahrheit erkennen, und die Wahrheit wird euch befreien[7]."

Das Gesetz des Christen ist danach „das vollkommene Gesetz der Freiheit"[8]: „Daraus folgt also, meine Brüder, daß wir nicht Kinder der Sklavin sind, sondern Kinder der Freien. Zur Freiheit hat uns Christus befreit[9]."

An diesen Bibelstellen wird der unlösbare Zusammenhang deutlich, der zwischen den jeweiligen Auffassungen über *Wahrheit* und *Gerechtigkeit* besteht. Die „eine", theologisch definierte Wahrheit führt folgerichtig zu der „einen", theologisch gedeuteten Gerechtigkeit, die dann notwendig die Gerechtigkeit Gottes ist. Dieser Zusammenhang gilt nicht nur für das Christentum, sondern für alle Religionen. Er gilt auch für jene Weltanschauungen,

---

[5] 2 Kor 3,6.
[6] Röm 10,4.
[7] Joh 8,31 f.
[8] Jak 1,25.
[9] Gal 4,31 u. 5,1.

die sich eine transzendentale Geschichtsdeutung anmaßen, in gleicher Weise.

Ein zweiter Aspekt verdient Beachtung: Glaube – sei er religiös, weltanschaulich oder wie immer begründet – verleiht, wo er ernst genommen wird, dem Gläubigen absolute *Wahrheitsgewißheit*. Das wird von Fanatikern gern dahin gedeutet, er befreie sie von allen herkömmlichen Fesseln „kleinlicher" oder „kleinbürgerlicher"[10] traditioneller Regeln und Gesetze. Er wird dann im praktischen politischen Handeln als „das Ende des Gesetzes" aufgefaßt. Wer das buchstäblich nimmt, wird zum Überzeugungstäter, der für seine geglaubte Wahrheit ohne Rücksicht auf gesetzliche Schranken gewaltsam kämpfen zu dürfen meint. Die vielfältigen Formen der Bürgerkriege und des Terrorismus haben in dieser Einstellung eine mögliche Erklärung. Die Konkurrenz absoluter Gewißheiten über das, was „allein wahr und richtig ist", kann nur im liberalen Verfassungsstaat unter humanen Bedingungen aufrechterhalten, gewährleistet und erträglich gemacht werden.

Gottes Gerechtigkeit als Leitschnur menschlichen Handelns, das u. a. war die Lehre des theologisch begründeten Naturrechts. Die Natur ist danach als Schöpfungsordnung Ausdruck der Gesetze des Schöpfergottes und hat ihm zu dienen. Der Mensch muß diese Ordnung nur zutreffend erkennen (kirchliches Lehramt) und gehorsam befolgen (kirchliches Hirtenamt). Die Einheit von Religion, Recht und Gerechtigkeit war durch den Glauben gesichert. Diese Lehre wirkt bis heute fort in

---

[10] Die abwertende Rede vom „Kleinbürger" signalisiert in aller Regel die heimliche Sehnsucht der so Redenden danach, als Großbürger gelten, besser noch leben zu können.

der Architektur des Kriminalgerichtsgebäudes von Berlin-Moabit mit den Tafeln der Zehn Gebote als Türornament.

2. Die Pluralität letzter Gerechtigkeiten

Wir in einer gründlich säkularisierten Welt haben es mit weltlichem Recht und weltlichen Gerechtigkeiten zu tun. Aus der Einzahl (*die* Gerechtigkeit) wird mit der Verweltlichung des Rechts notwendig die Mehrzahl sich widersprechender und konkurrierender Gerechtigkeiten. An die Stelle der *einen* Religion, die zuglcich die Gerechtigkeit festlegt, treten die *verschiedenen* Weltanschauungen mit ihren Gerechtigkeitslehren.

Reformation und Aufklärung

Das Nebeneinander verschiedener Religionen und Weltanschauungen begann in Mitteleuropa durch die mit der Reformation – unbeabsichtigt – eingeleitete Aufklärung[11]. Die Auflösung der *einen*, unbezweifelbaren und unumstößlichen theologischen Wahrheit, getragen von *einem* Glauben, gehütet von *einer* Kirche mit *einem* verbindlichen Lehramt, bedeutete den Umsturz des gesamten Weltbildes. Es entstanden in kurzer Folge neben der alten Kirche mit den Lutheranern und den Anhängern Calvins und Zwinglis zwei neue Kirchen. Die drei miteinander konkurrierenden theologischen Wahrheiten führten notwendig zu drei verschiedenen, ebenfalls kon-

---

[11] Dazu unten Reformation, Recht und Staat, S. 33 ff.

I. Gerechtigkeit, Wahrheit und Wertbilder

kurrierenden Lehren von der göttlichen und weltlichen Gerechtigkeit[12].

Als ein Beleg für den Zusammenhang von Wahrheitsbegriff und Gerechtigkeitsbegriff kann der Umstand angeführt werden, daß die Reformation und die dadurch ausgelöste Kirchenspaltung in Europa ihren Ausgang nahmen von einem Streit über die Frage: Wie wird der sündige Mensch vor Gott gerechtfertigt? Die verschiedenen Antworten der Reformatoren darauf spalteten mit der einen (theologischen) Wahrheit und der einen Kirche auch die eine Gerechtigkeit. Der Plural von Wahrheiten und Gerechtigkeiten ist fortan das Schicksal aller erkenntnistheoretischen Bemühungen zu diesem Thema. Er setzte erneut das kritisch-rationale Nachdenken über die Fragen gesicherter Erkenntnisfähigkeiten des Menschen in Gang. Die Reformation hatte – völlig unbeabsichtigt – das Zeitalter der Aufklärung ausgelöst.

Dieses Nebeneinander mehrerer Kirchen und mehrerer Rechtfertigungslehren bewirkte zunächst in den Religions- und Weltanschauungskriegen der nachreformatorischen Epoche eine erbittert ausgetragene Konkurrenz um die allein „gültige", „wahre" Sicht der Dinge, bis auf der Grundlage der Aufklärung im Pluralismus der Grundrechtsdemokratie eine menschenwürdige Koexistenz der verschiedenen Antworten auf diese Weltanschauungen versucht wurde[13].

Religion und Freiheit im Recht

Der Hinweis auf die Pluralität von Religionen und Weltanschauungen im liberalen Verfassungsstaat reicht je-

---

[12] Vgl. näher Reformation, Recht und Staat, a.a.O.
[13] Dazu unten Reformation, Recht und Staat, a.a.O.

2. Die Pluralität letzter Gerechtigkeiten

doch nicht aus, um die vielfältigen Zusammenhänge zwischen religiösen Vorstellungen und Gerechtigkeitsbildern sowie zwischen Religion und Recht angemessen zu erfassen.

Dieses Thema hat in neuerer Zeit bei der Erörterung einiger Grundsatzfragen brennende Aktualität gewonnen. Religiöse Glaubenssätze und weltanschauliche, ebenfalls metaphysisch inspirierte Gegenpositionen werden unausweichlich betroffen, wenn es etwa um die Zulässigkeit von Abtreibungen, um die Erlaubtheit der Tötung auf Verlangen, um aktive Sterbehilfe (Euthanasie) oder um ethische Schranken der Nutzung von Gen-Technologien geht.

In einer weltanschaulich vielfach gespaltenen Gesellschaft ist die Diskussion über Grundfragen menschlicher Existenz schwierig, weil die verschiedenen religiösen und weltanschaulichen Vorverständnisse unvermeidlich zu unterschiedlichen rechtspolitischen Regelungsforderungen führen. Andererseits zwingen die notwendigen rechtspolitischen Entscheidungen der Gesetzgebung über solche Fragen die Beteiligten und die Betroffenen dazu, das Verhältnis zwischen Recht und Religion genauer in den Blick zu nehmen.

Das Verhältnis von Recht und Religion ist in der Gründungsphase der Bundesrepublik mit ihrer Renaissance naturrechtlicher Leitbilder auch in den Entscheidungen oberster Bundesgerichte lebhaft erörtert worden[14]. Seit

---

[14] Vgl. etwa A. Langner, Der Gedanke des Naturrechts seit Weimar und in der Bundesrepublik, 1919; H.D. Schelanske, Naturrechtsdiskussion in Deutschland, 1968; W. Rosenbaum, Naturrecht und positives Recht, 1972; vgl. ferner die Nachweise bei A. Hollerbach, in: E.V. Heyen (Hrsg.), Vom normativen Wandel des Politischen, 1984, S. 173 ff.

der Mitte der sechziger Jahre trat es eher in den Hintergrund der Staats- und Verfassungslehre. Erst die Herausforderungen neuer gegenläufiger Tendenzen in der gegenwärtigen Entwicklung zwingen die Rechts- und Staatstheorie, gelegentlich auch die Justiz, sich erneut mit diesem Themenkreis auseinanderzusetzen. Beispielhaft war ein Diskussionsbeitrag Wolfgang Zeidlers bei den Bitburger Gesprächen 1986. Er meinte u. a., die Erfahrung zeige, daß eine Rechtsordnung um so freiheitlicher sich entwickeln könne, je mehr es gelinge, religiöse Restbestände aus ihr zu eliminieren. Diese These Zeidlers hat auf den ersten Blick gute Argumente für sich. Religiöse (oder weltanschaulich begründete) Glaubensüberzeugungen vermitteln dem Gläubigen in aller Regel das Bewußtsein, im sicheren Besitz einer absoluten, für jedermann gültigen Wahrheit zu sein. Unter dem Motto, daß die Wahrheit „natürlich" den absoluten Vorrang vor jedem Irrtum haben müsse, steckt in solchen Wahrheitsgewißheiten ein Hang zur Intoleranz und zur Zwangsbeglückung Ungläubiger oder Andersgläubiger. Die Geschichte der Religions- und Weltanschauungskriege, auch der Pogrome und Repressionen in totalitären Systemen, belegt die Begründetheit einer solchen Besorgnis. Ungeheures Leid ist durch die gnadenlose, gewalttätige Durchsetzung religiöser Überzeugungen über die Menschheit gebracht worden. Wahrheitsgewißheit einerseits und Intoleranz andererseits treten in der Menschheitsgeschichte meistens als Zwillinge auf. Das gilt auch für religiöse und pseudo-religiöse Glaubensgewißheiten.

Diese Erfahrungen lassen die Skepsis gegenüber der Aufnahme von religiös begründeten Wertvorstellungen und Maßstäben in die Rechtsordnung verständlich erscheinen. Sie machen zudem mißtrauisch gegenüber dem Einsatz der staatlichen Rechtsordnung zur Durchsetzung religiöser oder weltanschaulicher Überzeugungen gegenüber Andersdenkenden.

Hier tritt ein zweiter, seit der Reformation und der Aufklärung zunehmend beachteter Gesichtspunkt hinzu. Der moderne Staat, der Anhänger verschiedenster Religionen und Weltanschauungen friedlich vereinen will, kennt keine Staatsreligion. Er ist – innerhalb der Grenzen der von ihm in der Verfassung verankerten Grundrechte und Grundwerte – religiös und weltanschaulich weitestgehend neutral.

Die Religions- und Gewissensfreiheit gilt für alle Bürger. Das bedeutet, daß die Rechtsordnung in Fragen der Religion und der Weltanschauung Zurückhaltung zu üben hat. Niemand darf gegen sein Gewissen zur aktiven Anerkennung ihm fremder religiöser oder weltanschaulicher Positionen gezwungen werden. Religiöse und weltanschauliche Toleranz ist das Lebensprinzip einer auf Pluralität angelegten Grundrechtsdemokratie. Staatlicher Zwang mit den Mitteln des Rechts in religiös-weltanschaulichen Dingen kann schwere Störungen dieser auf Freiheitlichkeit und Selbstverantwortung ausgerichteten Staats- und Gesellschaftsordnung bewirken. Die Grenzen dafür sind im einzelnen schwer zu bestimmen. Der Streit um die Kirchentreue und die Kirchenautonomie bei der Beschäftigung kirchlicher Arbeitnehmer ist dafür ebenso ein Beispiel wie § 218 StGB oder Fragen der Tötung auf Verlangen und der sog. Sterbehilfe.

I. Gerechtigkeit, Wahrheit und Wertbilder

Metaphysik als soziale Realität

An ihnen zeigt sich, daß religiöse Fragen aus der Rechtsordnung nicht nach Belieben verbannt werden können. Die Menschen sind – jedenfalls in ihrer großen Mehrheit und nicht nur in historischer Sicht – Wesen mit (auch) religiösen Empfindungen, Bedürfnissen und Verwurzelungen. Eine Rechtsordnung, die das zu leugnen oder zu verdrängen versucht, geht an der Wirklichkeit des menschlichen Daseins vorbei.

Die Betrachtung der Religionsgeschichte und der Rechtsgeschichte läßt sich schwerlich auf die durchaus diskutable Feststellung reduzieren, die Religion im Recht könne ein freiheitsgefährdender Faktor sein. Wird daran die Erwartung geknüpft, daß die Verbannung aller religiöser Elemente aus dem Recht den Einzug der Freiheit oder doch ihren endgültigen Sieg bedeuten werde, so ist dies wenig plausibel. Dort, wo fundamentale Fragen des Menschen nach dem „Woher?" und „Wohin?" seiner Existenz, also nach den Grenzen seines Daseins, rechtlich ins Spiel kommen, dort sind religiöse und weltanschauliche Elemente im Recht unvermeidbar. Gerechtigkeitsvorstellungen, sinnvolle Ordnung des menschlichen Zusammenlebens, das sind letztlich Folgerungen aus Ansichten und Einsichten über den Sinn von Leben und Tod. Wer das Dasein begrenzt sieht auf die individuelle oder kollektive Anwesenheit der Menschen zwischen Geburt und Tod, der wird über individuelle Gerechtigkeit und die Schutzgüter der Rechtsordnung anders reden und bestimmen als der, der die Menschheit und sich selbst auf einem transzendentalen Weg in eine offene Zukunft nach dem Tod sieht. Wer diese Differenz verdrängt, verdrängt ein wichtiges Stück humaner Realität aus dem Recht.

2. Die Pluralität letzter Gerechtigkeiten

Ein Beispiel für das Gemeinte ist der Begriff des menschlichen „Lebens", das im Grundgesetz geschützt wird. Der überzeugte Agnostiker kann durchaus zu der Ansicht gelangen, Leben sei nicht ein durch die Vereinigung von Ei- und Samenzelle vorgegebener, gleichsam naturwissenschaftlich-biologisch bestimmter Begriff. Der Begriff Leben müsse vielmehr „normativ" verstanden und von den zuständigen Gerichtsinstanzen (BVerfG) entwickelt und nach den jeweiligen Zwecken ausgerichtet werden. Für den Gläubigen hingegen, der das menschliche Leben als der Herrschaft des Menschen entzogen, als Eigentum des Schöpfers ansieht, ist dieser „normative" Lebensbegriff unannehmbar. Für ihn läuft er auf die Anmaßung einer Gerichtsinstanz hinaus, die da „normativ" reklamiert: Was als „Leben" geschützt (schutzwürdig) ist, bestimmen wir.

Dieser Konflikt grundsätzlicher Auffassungen muß in der Rechtsordnung entschieden werden. Ohne Religion oder Weltanschauung geht das nicht.

Das große und geschichtsmächtige Thema „Recht und Religion", das auch die Problematik „Staat und Kirche" mit einschließt, ist, zumal in einem liberalen und damit weitgehend religions- und weltanschauungsneutralen Verfassungsstaat, mit vereinfachenden und vergröbernden Thesen weder zutreffend zu erfassen noch angemessen zu lösen.

Irrwege

Die These von der „Dislokation" der Religion aus dem Staat und der Gesellschaft – damit auch aus dem Recht – im Zeichen einer geschichtsnotwendigen Entwicklung der Menschheit ist schon von Karl Marx[15] vertreten worden. Die Unversöhnlichkeit von Religion und Marxismus-Leninismus wurde in einzelnen Staatsverfassungen des „realen Sozialismus" besonders deutlich, etwa in Art. 37 der Verfassung von Albanien[16]: „Der Staat erkennt keinerlei Religion an und fördert und betreibt atheistische Propaganda, um in den Menschen die wissenschaftliche materialistische Weltanschauung zu verwurzeln."

Der Nationalsozialismus hat seine eigene, nebelhafte „Weltanschauung" gleichsam zur Staatsreligion erklärt. Auf der anderen Seite haben fundamentalistische und integralistische Herrschaftsansprüche bestimmter Religionen (Islam) und Sekten in neuerer Zeit beträchtlich an Bedeutung gewonnen. Auch die Geschichte der christlichen Kirchen weist mit den Kreuzzügen, Juden- und Hexenverfolgungen sowie bestimmten Missionspraktiken Erscheinungen auf, die die Ambivalenz der Ausstrahlung religiöser Glaubensinhalte auf obrigkeitliches Handeln – auf Gesetzgebung, Exekutive und Rechtspraxis – deutlich machen.

3. Religion in einer pluralen Ordnung

Gerade der weltanschaulich weitgehend neutrale, liberale Verfassungsstaat bedarf eines klaren Konzeptes dafür, welche Stellung und Wirkungsmöglichkeiten Religions-

---

[15] Zur Judenfrage, in: Frühe Schriften, Bd. I, hrsg. von J. Lieber und P. Furth, 1962, S. 463.
[16] Zitiert nach G. Brunner/B. Meissner (Hrsg.), Verfassungen der kommunistischen Staaten, 1980, S. 33.

gemeinschaften in Recht, Staat und Gesellschaft haben sollen.

Das ist ein höchst aktuelles Thema, da die religiöse Überzeugung für viele Bürger ihre wesentlichen Wertvorstellungen und damit auch die Grundlagen der Rechts- und Staatsordnung prägt[17]. Man denke nur an sog. Jugendreligionen oder an die politische Theologie („Theologie der Befreiung" oder auch „Theologie der Revolution"). Kehren wir aber bei der Suche nach einer Klärung des Verhältnisses zwischen Recht und Religion zum Ausgangspunkt zurück.

Unterschiedliche und gleichberechtigte Wertorientierungen

Die Rechtsordnung setzt eine Wertordnung notwendig voraus[18]. Das Recht beruht auf vor- und außerrechtlichen Wertmaßstäben und -entscheidungen. Die für die Rechtsordnung maßgeblichen Wertorientierungen können aus verschiedenen Quellen stammen: Sitte, Philosophie, Weltanschauung, Religion.

Maßgeblich für den Einfluß solcher einzelner Wertbilder auf das Recht ist ihre reale Vitalität und Repräsentation in der jeweiligen Rechtsgemeinschaft.

In der Bundesrepublik sind etwa 50 Millionen Bürger Mitglieder einer christlichen Religionsgemeinschaft.

---

[17] Vgl. etwa E.-W. Böckenförde, Staat – Gesellschaft – Kirche, in: Christlicher Glaube in moderner Gesellschaft, Teilband 15, 1982, S. 5–120; ders., Der Staat 21 (1982), S. 481 ff.; B. Gladikow (Hrsg.), Staat und Religion, 1981; A. Hollerbach, in: A. Rauscher (Hrsg.), Der soziale und politische Katholizismus, Bd. I, 1981; S. 46–71; ders., in: E. V. Heyen, Vom normativen Wandel des Politischen, 1984, S. 173–180.

[18] B. Rüthers, Rechtsordnung und Wertordnung, 1986.

Ungefähr 4 Millionen besuchen sonntags regelmäßig Gottesdienste, wenn auch mit abnehmender Tendenzen. Religiöse Vorstellungen sind also – unabhängig von der Mitgliedschaft oder der aktiven Mitarbeit in Religionsgemeinschaften – in breiten Bevölkerungsschichten verwurzelt und prägen auf vielfältige Weise – durch Geschichte, Kunst, Kultur und Kalender (Hochfeste) vermittelt – das Wertbewußtsein breiter Bevölkerungsschichten.

Schon bei ausschließlich empirisch-soziologischer Betrachtungsweise kann man das Faktum religiös geprägter Wertüberzeugungen nicht nach dem Belieben einer rein rationalistischen oder von welchen anderen Motiven auch sonst gesteuerten Rechtspolitik aus der Rechtsordnung eliminieren. Man mag das bejubeln oder bejammern: Religiöse Vorstellungen prägen maßgeblich das Wertbewußtsein und damit auch das Rechtsbewußtsein breiter Bevölkerungsschichten.

Die Rechtserheblichkeit religiöser Wertbilder und ihrer Vitalität

Die real vorhandenen religiösen Wurzeln der Wertvorstellungen in der Bevölkerung können nicht beliebig geleugnet oder verdrängt werden.

In einer Demokratie ist es eine prinzipiell systemwidrige Vorstellung, die Rechtsordnung vom Rechtsbewußtsein des Volkes ablösen und die religiös begründeten Wertvorstellungen aus dem Recht verdrängen zu wollen. Die gesellschaftliche Realität religiöser Orientierungen in dem bezeichneten Umfang kann auch aus anderen Gründen für die Fragen des Rechts nicht einfach vernachlässigt werden. Sie legt – wie viele Erscheinungen ungebrochener kirchlicher Vitalität in religionsfeindlichen totalitären Systemen zeigen – den Schluß auf tieferliegende anthropologische Zusammenhänge nahe. Es könnte so sein, daß Religion – im Sinne einer über die überschaubaren Reichweiten des „Hier-Seins" hinausreichenden Bindung des Menschen an ein Absolutes, das ihm Sinn und Halt gibt – ein fundamentales Element menschlichen Seins schlechthin ist[19]. Religion, das ist dann nicht eine Flucht aus der Wirklichkeit, eine Entfremdung, „Opium für's Volk", sondern die entscheidende Wirklichkeit, das „Bei-sich-selbst-Sein" des Menschen, seine wahre Identität[20].

Die Vertreibung der religiösen Elemente aus dem Recht wäre dann die Vertreibung humaner Identität aus der Ordnung menschlicher Beziehungen, die Negation eines grundlegenden Elementes menschlicher Würde und menschlicher Freiheit in einem entscheidenden Lebensbereich, nämlich in der Frage der Sinngebung menschlicher Existenz. Inhumanität des Rechts wäre unter diesen Voraussetzungen die unausweichliche Folge.

Ferner ist ein weiteres Argument zu bedenken: Werturteile sind nach einer verbreiteten Überzeugung nicht mit intersubjektiv vermittelbarer, „wissenschaftlicher" Argumentation schlüssig als „wahr" oder „falsch" zu beweisen. Sie beruhen in ihrer Überzeugungskraft auf geglaubten, letztendlich also auf metaphysisch begründeten Prämissen. Religion ist eine von mehreren möglichen Grundlagen solcher Prämissen. Wenn die Rechtsordnung notwendig auf Wertorientierungen beruht, dann ist

---

[19] A. Hollerbach, Erwägungen zum Verhältnis von Recht und Religion, in: E. V. Heyen, Vom normativen Wandel des Politischen, 1984, S. 173 ff. (175).
[20] A. Hollerbach, a. a. O.

es ungeschichtlich, realitätsfremd und inhuman, eine der möglichen und real wirksamen Grundlagen von Wertorientierungen aus dem Kanon der für die Rechtsordnung potentiell relevanten Wertquellen auszuschließen. Die Vertreibung religiöser Wertvorstellungen aus dem Recht wäre eine Diskriminierung desjenigen, nicht unbeträchtlichen Bevölkerungsteils, der gerade in der Religion die Sinngebung seines individuellen und sozialen Daseins und die Quelle humaner Lebensregeln sieht.

Schließlich sind historische Erfahrungen zu beachten. Rechtsordnungen, die bewußt und konsequent jede religiöse Wertgrundlage des Rechts verneinen, sind in der Geschichte gerade der jüngsten Zeit mehrfach errichtet worden. Der Nationalsozialismus und der reale Sozialismus marxistisch-leninistischer Prägung liefern dafür eindrucksvolle Beispiele. Sie zeigen, daß die Verbannung religiöser Vorstellungen aus dem Recht nicht notwendig zu einem größeren Maß an Freiheit führt. Diese Beispiele bestärken die Sorge, daß mit der Vertreibung der Religion aus der Rechtsordnung eine wesentliche Wertgrundlage humaner Existenz verlorengehen könnte. Solche Systeme waren bisher oft Muster der Inhumanität und der schrankenlosen Menschenverachtung. Die Folgerung lautet: Die Zwänge pseudoreligiöser Weltanschauungen[21] können eine tödliche Gefahr für die Freiheit sein.

Religion und Grundgesetz

Was sagt die Verfassung zum Verhältnis von Recht, Staat und Religion? Die Präambel des Grundgesetzes spricht

---

[21] Vgl. K.-G. Riegel, Konfessionsrituale im Marxismus-Leninismus, 1985.

von der „Verantwortung vor Gott und dem Menschen", in der das deutsche Volk sich nach dem Unrechtsstaat des Nationalsozialismus seine neue (vorläufige) Verfassung gab. Das Grundgesetz geht also – wie vielfältig zu belegen ist – nicht von einer „religionsfreien" Rechtsordnung aus. Es gewährleistet die ungestörte Religionsausübung (Art. 4 GG) und garantiert den Religionsgesellschaften einen Freiraum der Autonomie für ihre Angelegenheiten innerhalb der für alle geltenden Gesetze (Art. 140 GG i. V. m. Art. 137 WRV). Damit ist die These, religiöse Vorstellungen seien im Interesse größerer Freiheitlichkeit aus der Rechtsordnung zu eliminieren, auch aus der Sicht und Wertung des Verfassungsgesetzes abzulehnen. Sie ist – bei zurückhaltender Beurteilung – mindestens verfassungsfremd.

Das Beziehungsgeflecht zwischen Religion und Verfassungsordnung ist vielschichtig und dem geschichtlichen Wandel unterworfen. Ausgangspunkt einer wirklichkeitsgerechten Betrachtung der gegenwärtigen Situation in dem liberalen Verfassungsstaat Bundesrepublik Deutschland ist die Tatsache, daß es eine für alle Bürger verbindliche Staatsreligion und eine vom Staat vorgeschriebene Weltanschauung nach der Verfassung nicht gibt. Es gelten vielmehr die Prinzipien der freien Persönlichkeitsentfaltung, der Gewissensfreiheit und des weltanschaulichen Wettbewerbs (Art. 2, 4, 5 GG).

Keine religiöse oder weltanschauliche Gruppe, auch keine Kirche, kann – im Sinne fundamentalistischer Herrschaftsansprüche über die Gesinnungen der Mitbürger – die Rechtsordnung für ihre Glaubensüberzeugungen in Dienst nehmen. Das Recht darf also nicht dazu benutzt werden, kirchliche Vorstellungen und Zwecke zu Lasten kirchlich nicht gebundener Bürger einseitig durchzusetzen oder zu begünstigen, sie eventuell gegen die Gewissensüberzeugung der Nichtmitglieder einer Religionsgemeinschaft verbindlich zu machen.

Zu unterscheiden sind also mehrheitsfähige, religiös begründete Wertorientierungen einerseits und kirchliche rechtspolitische Wünsche für ihre aktive Mitgliedschaft – oft als Forderungen eines entsprechenden Minderheitenschutzes – andererseits.

Religion und Grundwerte

Das Thema kirchlicher Wertvorstellungen und ihrer Einflüsse auf die Rechtsordnung hat in der Zeit nach dem Zusammenbruch des NS-Regimes unter dem Stichwort „Naturrecht" in der Rechtsprechung oberster Bundesgerichte eine beachtenswerte, aus heutiger Sicht bisweilen problematische Rolle gespielt. Mit der staatsphilosophischen und rechtstheoretischen Durchdringung des Pluralismusproblems in liberalen Verfassungsstaaten ist es – zu Recht – eher in den Hintergrund getreten. Es wird heute in der Rechtswissenschaft, in der Gesetzgebung und in der Rechtsprechung vor allem unter den Stichworten „Grundwerte" und „Grundrechtsinterpretation" behandelt[22].

Die Frage nach der vorstaatlichen und außerrechtlichen Begründung solcher Grundwerte, wie sie in Art. 79 Abs. 3 des Grundgesetzes vorausgesetzt werden, läßt uns nicht los. Zu den Ur-Erfahrungen jedes Menschen gehört die Einsicht, daß sein Leben endlich und kurz ist. Er hat wenig Zeit, die Fragen, die ihm das Dasein aufgibt, zu erkennen und zu beantworten. Die Endlichkeit seines

---

[22] Vgl. zur Grundwertediskussion G. Gorschenek (Hrsg.), Grundwerte im Staat und Gesellschaft, 1977.

Lebens, die Gewißheit seines Todes zwingen seinen Blick in die Richtung des „Woher komme ich?", „Wozu bin ich?" und „Wohin gehe ich?". Die Antworten auf die Fragen, wie immer sie im einzelnen ausfallen mögen, bestimmen seine Weltsicht, seine subjektive Wertordnung und auch seine Auffassung von Recht.

Hier beginnt – wie man es auch wenden mag – die unleugbare Rolle der Metaphysik in den Fragen der letzten Dinge und Ziele. Feste Glaubensgewißheiten, wie sie vor allem von einer religiösen Bindung, aber auch von anderen metaphysischen Überzeugungen vermittelt werden, machen den Menschen gefeit gegen die vielfältigen Ängste und Gefahren seines konkreten Lebens, der ihn umgebenden Mächte und Bedrohungen. Nicht zufällig hassen die Machthaber moderner Tyranneien jede Transzendenzlehre und verfolgen bereits das Wort Metaphysik wie eine Ketzerei. Metaphysik macht den Menschen furchtlos und damit für Tyrannen unverfügbar. Jeder absolute – sei es staatliche, sei es pseudo-kirchliche – Machtanspruch scheitert an einem Menschen, der furchtlos geworden ist, weil er sich, seiner Wertordnung sicher, in seiner metaphysischen Sicht des Lebens und dieser Welt geborgen weiß. Wer den Tod nicht fürchtet, ist jedem weltlichen Machthaber überlegen – und schon deshalb eine Gefahr für totalitäre Systeme.

Der feste Halt dieser Daseinsgewißheit wird verkannt, geleugnet und geht verloren, wo bereits die Begriffe Religion oder Metaphysik abgelehnt oder prinzipiell als freiheitsfeindlich aus der Rechtsordnung verbannt werden.

Für den inneren Frieden eines religiös und weltanschaulich pluralen Gemeinwesens erscheint es im Übrigen wenig wirklichkeitsnah und sinnvoll, die Diskussion über die Grundwerte und den Pluralismus mit der These zuzuspitzen, die real vorhandenen religiösen Wurzeln bestimmter Grundwerte seien in Geschichte und Gegenwart generell freiheitsfeindlich wirksam und deshalb aus der Rechtsordnung zu verbannen.

Das Motiv einer solchen Forderung ist in aller Regel der Hinweis auf die im Namen der verschiedenen Religionen und Bekenntnisse nachweisbar begangenen Freiheitsbeschränkungen, Unterdrückungen, Grausamkeiten und Pogrome im Lauf der Geschichte. Viele Religionen haben eine solche Vergangenheit vorzuweisen und zu „bewältigen". In Deutschland genügt insoweit die Erinnerung an die mörderischen Glaubenskriege aufgrund der Glaubens- und Kirchenspaltung, die der Reformation folgten, oder an religiös motivierte Judenverfolgungen. Religionsgemeinschaften, auch Kirchen, können, wie die Geschichte zeigt, Instanzen der realen Freiheitsfeindlichkeit und des realen Unrechts, ja des Terrors sein. Das ist jedoch – ungeachtet aller bedrückenden Erfahrungen auf diesem Gebiet – keine rechtfertigende Grundlage für die Forderung, religiöse Vorstellungen seien generell als Gefährdung der Freiheit aus der Rechtsordnung zu verbannen.

4. Die Notwendigkeit der Metaphysik im Recht

Ohne ein Mindestmaß an gemeinsamen, notwendig „metaphysisch" begründeten Wertüberzeugungen ist im Übrigen kein Staat, keine Rechtsordnung dauerhaft zu begründen und zu erhalten[23].

---

[23] G. Leibholz, Die Auflösung der liberalen Demokratie in Deutschland und das autoritäre Staatsbild, 1933, S. 9.

4. Die Notwendigkeit der Metaphysik im Recht

Staats- und Rechtsordnung haben – entgegen allen Tendenzen einer rein rationalen Ausrichtung des Denkens in der Gegenwart – eine innere Verknüpfung zu unverzichtbaren und staatlich unverfügbaren Grundwerten. Diese sind nicht beliebig machbar oder veränderbar. Sie sind in einem Kernbereich – jedenfalls nach Art. 79 Abs. 3 GG – unverfügbar. Genau das ist die Basisthese der modernen Grundrechtsdemokratie.

Bestimmte Grundwerte stehen nicht zur Disposition, auch nicht für die Mehrheit, nicht einmal für die verfassungsändernde Mehrheit im Parlament. Das Bundesverfassungsgericht hat dies in seiner Abtreibungsentscheidung ausdrücklich festgestellt[24].

Die Grundwerteproblematik betrifft also die Rechtsordnung in ihrer wertbezogenen Kernsubstanz. Es geht um die Frage, ob Schutzgüter wie „Menschenwürde" (Art. 1 GG) und „Leben" oder „körperliche Unversehrtheit" (Art. 2 Abs. 2 GG) gesetzgeberisch oder auslegungstechnisch beliebig veränderbar sind. Sind sie normativ unbeschränkt verfügbar, so daß der Gesetzgeber oder der Richter den Schutz werdenden Lebens im Mutterleib nach „sozialen" Indikationen einschränken kann? Dürfen außerhalb des Mutterleibs erzeugte oder befindliche Embryonen zu wissenschaftlichen Zwecken benutzt und nach Gebrauch oder Nichtgebrauch „beseitigt" werden? Empfiehlt es sich, die „Tötung auf Verlangen" von Gesetzes wegen straffrei zu stellen? Ist das strafrechtliche Verbot (§ 216 StGB) einer solchen Tötung eine durch religiöse Relikte bedingte „Insel der Inhumanität" in der Rechtsordnung? Soll die Nutzung der vorhande-

---

[24] BVerfGE 39, 1 (67).

nen gentechnologischen Möglichkeiten speziellen rechtlichen Schranken unterworfen werden?

Die schmale Auswahl aktueller rechtsethischer Fragen aus der kontrovers geführten rechtspolitischen Diskussion macht die unlösbare Verknüpfung von Rechtsordnung und Wertordnung augenfällig. Sie zeigt zugleich, daß es abwegig wäre, die damit angesprochenen religiös begründeten Wertüberzeugungen breiter Bevölkerungsschichten aus dieser Diskussion und aus ihrem Ergebnis, nämlich der Normsetzung in diesen Fragen, ausklammern zu wollen.

Andererseits hat die Gesetzgebung selbstverständlich auch entgegenstehende, nicht religiöse Überzeugungen zu achten und zu schützen. Es geht um die Koexistenz verschiedener metaphysisch begründeter Positionen in einem pluralen Gemeinwesen. Die Verdrängung real vorhandener Glaubensüberzeugungen oder Weltanschauungspositionen ist dafür kein geeigneter Weg.

II. Reformation, Recht und Staat

Das Thema Reformation und Recht gibt viele Fragen auf. Hier sollen uns nur zwei beschäftigen:

1. Was *lehrte* die Reformation über das Recht und den Rechtsgehorsam?

2. Was *bewirkte* die Reformation für das Recht und den Staat?

1. Zur Rechtslehre oder „Rechtstheologie"

Die Antwort ist auf den ersten Blick scheinbar einfach: Martin Luther war Theologe, kein Jurist. Er hatte zwar während seiner Studienjahre in Erfurt nach der Magisterprüfung auch mit dem Studium der Rechte begonnen, nicht zuletzt auf Wunsch seines Vaters Hans Luther. Der war vom Bauernsohn und Bergmann zum selbständigen Unternehmer aufgestiegen. Er sah den Sohn bereits in der neu aufsteigenden Schicht der Juristen als Berater weltlicher und geistlicher Obrigkeiten.

Aber der Sohn Martin entschied sich plötzlich anders, verkaufte seine juristischen Bücher und trat, zum Entsetzen eines Vaters, als Mönch bei den Augustinern ein.

II. Reformation, Recht und Staat

Luther über Recht und Juristen

Vom Recht und den Juristen hat Luther zeitlebens nicht viel gehalten und das auch mit der ihm eigenen Offenheit deutlich gesagt, etwa so: „Die Menschensatzungen geben der Seele keine Nahrung, sondern sie sind ein Dreck" oder „Es sind Rechtsbücher allzuviel da" oder „Durch das Gesetz wird kein Mensch besser, sondern nur ärger". „Ebenso müssen wir bekennen, daß es keine schändlichere Regierung gibt als bei uns durch geistliches und weltliches Recht, so daß kein Stand mehr der natürlichen Vernunft, geschweige denn der heiligen Schrift gemäß geht." „Das weltliche Recht, hilf Gott, wie ist das auch eine Wildnis geworden! Obwohl es viel besser, kunstvoller und redlicher ist als das geistliche, an welchem außer dem Namen nichts Gutes ist, so ist es doch auch viel zuviel geworden."

Die Juristen selbst kommen noch schlechter weg: „Die endliche Ursache, darum ihr zu Juristen werdet und Jura studiret, ist das Geld, daß ihr reich werdet" oder „Das Studium der Rechte ist eine gar niederträchtige Kunst, und wenn es nicht den Geldbeutel füllte, würde sich niemand darum bemühen" oder „Wenn du ein Jurist werden solltest, wollte ich dich an einen Galgen hängen" oder „Juristen können nur Mücken fangen, die großen Hummeln reißen hindurch" oder „Die Schinder schinden tote Tiere, die Juristen aber lebendige Leute".

Die theologische Kernfrage

Aber alles das waren beiläufige Äußerungen. Luthers Hauptthema war ein ganz anderes. Er wollte wissen: „Wie bekomme ich einen gnädigen Gott?", „Wie wird der sündige Mensch gerechtfertigt?"

1. Zur Rechtslehre oder „Rechtstheologie"

Die Fragen des menschlichen Rechts dagegen waren ihm am Anfang gleichgültig – später, als er seinen reformatorischen Kampf auch gegen das geltende Recht, kirchliches und weltliches, führen mußte, Steine des Anstoßes. Rechtsfragen erweckten bei ihm Mißtrauen, Kritik, Spott und Abscheu. Nicht nur die Juristen müssen sich fragen, warum das bis heute beim einfachen Bürger nicht sehr viel anders geworden ist.

Seine Zentralfrage nach der Rechtfertigung des sündigen Menschen durch einen gnädigen Gott stellte Luther mitten in den chaotischen Wirren und Verderbnissen seiner Zeit. Ist das Thema Reformation heute *deshalb* so ungemein fesselnd, weil wir uns in den Wirren von damals zu erkennen glauben wie in einem Spiegel?

Die Reformation als Konflikt mit dem geltenden Recht

Luther wollte die *Re*-form der sündigen, durch abstoßende Mißstände gekennzeichneten Kirche seiner Zeit, die Wiederherstellung der Kirche in ihrer biblisch reinen Gestalt. Er wollte keine neue, sondern die alte, reine, wahre Kirche. Der Gedanke an eine Spaltung lag ihm fern. Dieser Wunsch nach einer Erneuerung der Kirche an Haupt und Gliedern war alt und immer wieder vergeblich erhoben worden. Mehrere sog. Reformkonzilien hatten wenige und allenfalls zeitweilige Früchte getragen. Wer Buße, Armut und Abkehr von kirchlichem Reichtum predigte, wer die traurigen Tatsachen beim Namen nannte, geriet schnell und trotz heiliger Eide über freies Geleit in Lebensgefahr.

Johannes Hus war 1415 in Konstanz verbrannt, Savonarola 1498 in Florenz öffentlich gehenkt worden. Jeder Reformator nahm auf seinem Weg das Risiko einer

Verurteilung als Ketzer in Kauf. Er legte sich bewußt mit den *geistlichen* und *weltlichen* Mächten *und ihren Rechtsordnungen* an, weil sie sich seiner Forderung nach der Erneuerung der Kirche aus dem Geist der Bibel entgegenstellten.

Luther hat diese Konflikte mit den Statthaltern der Kirche, des Reiches sowie mit den Landesfürsten weder beabsichtigt noch gemieden. Er ging seinen Weg nach der – damals – unerhörten Eingangsthese seiner Schrift „von der Freiheit eines Christenmenschen": „Ein Christenmensch ist ein freier Herr über alle Dinge und niemandem untertan. Ein Christenmensch ist ein dienstbarer Knecht aller Dinge und jedermann untertan."

Wir können heute kaum noch ermessen, welche revolutionäre Sprengkraft dieser Satz damals für die überkommenen Ordnungen von Kirche und Staat enthielt. Und Luther meinte, was er sagte; daran ließ er keinen Zweifel.

Der Bruch mit Papst und Kaiser

Als er am 10. Oktober 1520 die päpstliche Bulle erhält, die ihm den Kirchenbann androht und die den Kaiser und die Fürsten auffordert, Luthers Schriften zu verbrennen, da schreibt er im November – wie zitiert – „von der Freiheit eines Christenmenschen". Aber nicht nur das: Im Dezember lädt er mit einem Anschlag an der Pfarrkirche zu Wittenberg „alle Freunde evangelischer Wahrheit" dazu ein, an der Verbrennung der gottlosen Bücher des *päpstlichen Rechts* und der *scholastischen Theologie* teilzunehmen. Am 10. Dezember gingen vor dem Elstertor in Wittenberg unter dem Beifall einer Schar von Begleitern und Studenten drei Bände des kirchlichen

1. Zur Rechtslehre oder „Rechtstheologie"

Rechts in Flammen auf. Luther selbst warf die päpstliche Banndrohungsbulle ins Feuer. Am nächsten Tag hat er in seinem Kolleg vor einem großen Zuhörerkreis diesen Schritt – wider alle universitären Gebräuche in deutscher Sprache – erläutert: Er habe keine Wahl gehabt und nicht etwa aus weltlichen Gründen gehandelt, sagte er, sondern um seine Mitmenschen vor dem ewigen Verderben zu bewahren. Das Bücherverbrennen sei nicht genug. Der päpstliche Stuhl müsse den Flammen übergeben werden.

Damit war er gegen die herrschenden Mächte seiner Zeit, gegen Papst und Kaiser, gegen kirchliches und weltliches Recht, aufgestanden. Am 3. Januar 1521 wurde er von Papst Leo X. gebannt. Am 17. und 28. April wurde er auf dem Reichstag zu Worms vor Kaiser und Reich verhört. Er widerrief nicht. Damit hatte er sich entschlossen, seine Reformation nicht nur gegen den Papst, sondern auch gegen Kaiser und Reich zu wagen. Die Reformation ist nicht das Werk eines Mannes. Die Zeit war reif für einen tiefgreifenden Wandel. Luther war nur einer von vielen, die dieses Bewußtsein zur Tat drängte. Aber ohne diesen Martin Luther wäre das Geschehen so nicht vorstellbar.

Die Spaltung der bisher einen Kirche wurde auf dem Reichstag zu Worms offenbar. Luther sagte dort: „Solange ich nicht durch die Heilige Schrift oder klare Vernunft widerlegt werde, kann und will ich nichts widerrufen, weil gegen das Gewissen etwas zu tun weder sicher noch heilsam ist. Gott helfe mir!" Der junge Kaiser Karl V. entgegnete mit einer eigenständig verfaßten Erklärung vor dem Reichstag: „Denn es ist sicher, daß ein einzelner Bruder irrt, wenn er gegen die Meinung der ganzen Christenheit steht, da sonst die Christenheit tausend Jahre oder mehr geirrt haben müßte. Nachdem wir gestern die

Rede Luthers hier gehört haben, sage ich Euch, daß ich bedaure, so lange gezögert zu haben, gegen ihn vorzugehen. Ich werde ihn nie wieder hören. Er habe sein Geleit. Aber ich werde ihn fortan als notorischen Ketzer betrachten ..."

Der Atem der Weltgeschichte weht uns aus dieser Szene an. Die öffentliche Verbrennung der kirchlichen Rechtsbücher und der päpstlichen Bulle im Namen der Freiheit und der subjektiven Wahrheitsüberzeugung war ein umwälzender, ein buchstäblich und im Rechtssinne revolutionärer Akt. Er kennzeichnete das Ende einer Epoche. Das Mittelalter war vorüber. Eine neue Zeit brach an.

Die Idee der individuellen Menschen- und Freiheitsrechte betrat im Akt der Gesetzbuch- und Bullenverbrennung zu Wittenberg erneut die politische Bühne Europas. Diese Idee hat fortan und bis heute das politische Leben der zivilisierten Welt beherrscht, ungeachtet aller realen Unterdrückung, aller Folter und allen Terrors.

Man sieht: Ein Eintreten für die *Re*-formation der Kirche ohne Zusammenstoß mit dem kirchlichen und weltlichen Recht war so, wie die Dinge lagen, undenkbar. Jeder Reformator bekam es sehr schnell mit dem Recht und dessen Vollstreckern zu tun. Jeder Reformator war daher in der Regel sehr bald gezwungen, seine Einstellung zum Recht zu finden und zu erklären. Insofern kann man (mit Johannes Heckel) sagen, daß alle Hauptlehren Luthers – obwohl sie theologischen Ursprungs sind – auch ein rechtliches Element enthalten. Das bedeutet aber nicht, daß Luther eine Rechtslehre oder gar eine systematische „Rechtstheologie" verkünden wollte.

Seine theologischen Reformthesen erfaßten vielmehr den ganzen Menschen in allen Ordnungen. Sie betrafen deshalb notwendig auch seine Stellung im Recht von Kirche und Welt. Sie betreffen zugleich damit die Rechtsverhältnisse zwischen Kirche und Reich. Trotzdem gilt die These: Es lag Luther fern, jedenfalls nicht in seiner Absicht, eine systematisch geschlossene, theologisch fundierte Theorie des Rechtes und des Staates zu entwickeln.

Die Zwei-Reiche-Lehre

Grundlage und Ausgangspunkt seiner Vorstellung über die Stellung des Christen in Staat und Recht war die Lehre von den „zwei Reichen", in die der Christ gestellt sei und in denen er zu leben habe. Das Evangelium bringt ihm nach dieser Lehre den Anruf Gottes, die Berufung in das „Gottesreich", ein Reich der Liebe Gottes, gelenkt von der Gnade. Zugleich bleibt und steht er als Mensch in dieser Welt, im „Weltreich"; dies ist ein Reich der Strenge und des Zornes Gottes, beherrscht vom Gesetz.

Es geht Luther bei der Lehre von den beiden Reichen um die Stellung des Christen im irdischen Leben. Wie ist der individuelle Glaubensgehorsam gegenüber der Bergpredigt, also gegenüber Gott, mit der Teilnahme an der Gestaltung der Welt vereinbar? Es geht also um die Rolle des Christen in Gesellschaft und Politik.

Die „Zwei-Reiche-Lehre" Luthers ist im Ergebnis als eine reformatorisch-pastorale Anleitung zur gesellschaftlichen und politischen Praxis des Christen in der Welt zu verstehen. Die Einheit von Kirche und Reich, geistlicher Führung und weltlicher Machthabe wird verneint. Das war eine Wende gegen die Tradition des Mittelalters. Die theologische Predigt von Gott und seinem Heil wird unterschieden vom Handeln des Christen in der Welt. Zwischen dem theologischen Glauben und dem weltlichen Handeln besteht zwar eine Beziehung, aber auch ein durch die Freiheit des Einzelgewissens gekennzeichneter Unterschied. Beides ist nicht dasselbe.

Sowohl Luther (Von weltlicher Obrigkeit, 1523) als auch Calvin (Institutio, 1529, IV, 20) haben die „Zwei-Reiche-Lehre" am Beispiel des politischen Handelns des Christen entfaltet. Bei beiden tritt derselbe reformatorische Grundgedanke hervor: Es geht ihnen um die Wiedergewinnung und Sicherung der Freiheit des Christenmenschen. Der Weg dazu ist, besonders für Luther, in heutiger Sprache die *Entpolitisierung des Evangeliums*, also der Kirche, und die *Entklerikalisierung der Welt*. Er zielt auf das Ende des Priester- und Kirchenregiments in Fragen des weltlichen Rechts und der Politik. Reformation, das bedeutet insoweit: Abkehr vom Klerikalismus.

Diese Zwei-Reiche-Lehre schränkt den autoritativen Einfluß der Kirche, also auch der Theologen und Pfarrgeistlichen, auf konkrete politische Entscheidungen radikal ein. Das wird heute, unter dem Eindruck drängender ökologischer und rüstungspolitischer Zeitfragen von manchen Pfarrern, Theologie-Professoren und sogar Bischöfen als unbefriedigend empfunden. Sie neigen dazu, im Evangelium unmittelbar gültige politische Handlungsanweisungen zu sehen und ihre Interpretation derselben als verbindliche Weisung Gottes auszugeben. Zu diesem Zweck wird gesagt: Die Zwei-Reiche-Lehre sei ein Produkt aus der Zeit Luthers; sie stamme aber nicht vom Reformator selbst, dem man als treuer Lutheraner nicht widersprechen möchte.

Historisch läßt sich diese These nicht halten. Die Belege im Werk Luthers für seine eigenständige theologische Fundierung dieser Lehre sind eindeutig. Luther zielt mit der Zwei-Reiche-Lehre bewußt auf das Ende der Priester- und Kirchenherrschaft in Fragen des weltlichen Rechts und der Politik.

Kirche und Staat bei Zwingli und Calvin

Die beiden großen Schweizer Reformatoren Zwingli (1484–1531) und Calvin (1509–1564) hatten zu Staat, Gesetz und Recht eigenständige, gegenüber Luther deutlich modifizierte Positionen. Das hat verschiedene Ursachen. Beide begründeten – der eine in Zürich, der andere in Genf – aus dem neuen Glauben theokratisch verstandene Stadtherrschaften. Das führte von vornherein zu einem bewußteren, praktischeren und im Ansatz positiveren Verhältnis zum staatlichen Gesetz und zur politischen Macht. Auch das abgeschlossene juristische Studium Calvins (1528–1531 in Orléans und Bourges) hat seinen gesamten Denkstil, aber auch seine Einstellung zu Recht und Staat maßgeblich und lebenslänglich geprägt.

Interessant sind insoweit die Differenzen in der Rechts- und Staatsauffassung der Schweizer Reformatoren auch untereinander. Die Rechts- und Staatsauffassung Huldrych Zwinglis unterschied sich wesentlich von der Zwei-Reiche-Lehre Luthers. Zwingli erkannte keine so prinzipielle Trennung von Kirche und Staat an. Für ihn sind dies nicht zwei verschiedene, selbständige Institutionen und Rechtsordnungen. Der Staat ist für ihn der christliche Staat und damit zugleich die christliche Gemeinde. Der weltliche (in Zürich städtische) Magistrat ist für ihn zugleich das Presbyterium dieser Gemeinde.

In dieser christlichen, staatlich-kirchlichen Volksgemeinde ist der Pfarrer der berufene Hirte. Er macht das geschriebene biblische Wort Gottes zur gesprochenen, auf diese Stunde und diese Gemeinschaft zugemünzten und gültigen Weisung. Im zweiten helvetischen Bekenntnis, verfaßt vom Nachfolger Zwinglis, Heinrich Bullinger, steht der kennzeichnende Satz: „Die Predigt des Wortes Gottes ist das Wort Gottes."

Nach der Auseinandersetzung Zwinglis mit dem Vertreter des Bischofs von Konstanz in zwei entscheidenden Disputationen 1523 beschloß der Rat der Stadt Zürich die grundlegende Wende zu einem neuen Gottesstaat: Zürich sollte als christliches Staatswesen künftig unmittelbar unter den Weisungen und Normen des Gotteswortes stehen.

Das war zunächst die Lossagung von der Autorität des Konstanzer Bischofs. Zugleich damit wurde die Autorität und Kompetenz der Organe des neuen Gottesstaates erheblich ausgeweitet. Ein neues Ehe- und Kirchenrecht wurde von den Stadtbehörden in Kraft gesetzt, selbstverständlich in dem Bewußtsein, Norm und Weisung des Evangeliums für diesen Bereich wahrhaft zu erfüllen. Zwingli hat sich mit dieser Konstruktion eines neuen Gottesstaates grundsätzlich auseinandergesetzt in seiner 1523 verfaßten Schrift „Von göttlicher und menschlicher Gerechtigkeit".

Die Unterscheidung wird bei ihm sogleich dialektisch aufgelöst in Zuordnungen und Bildern, wie „Seele und Leib" oder „Geist und Materie". Für ihn ist beides folgerichtig eine untrennbare Einheit, also das Gegenstück zu Luthers „Zwei-Reiche-Lehre".

Ein Vorfall in Konstanz belegt das. Als dort der Rat der Stadt die Messe verbieten und den Altar entfernen ließ, widersprachen die Anhänger Luthers diesem Schritt: Es sei nicht Sache der weltlichen Obrigkeit, Kirchenfragen zu entscheiden. Zwingli, von den Konstanzern um Rat gebeten, schrieb: Der Rat der Stadt sei der Versammlung der Apostel in der Urgemeinde vergleichbar. Auch dort hätten die Apostel über die Gemeindeordnung entschieden. Städtischer Magistrat und Kirchenleitung fallen also bei Zwingli zusammen.

Bei Calvin ist die Sicht des Verhältnisses von Kirche und Staat anders. Er hielt Stadtregiment und Kirchenleitung in Genf getrennt. Kirche und Staat sind nach Calvin eigenständige Körperschaften mit eigenen Rechtsordnungen. Seine Auffassungen dazu werden zwar ebenfalls zutreffend im Sinn einer Theokratie, also einer Gottesherrschaft über das Gemeinwesen, gedeutet. Aber Theokratie darf hier nicht mit Priesterherrschaft gleichgesetzt werden. Das gilt jedenfalls für die *Lehre* Calvins. In der politischen *Praxis* seiner Zeit war sein realer politischer Einfluß groß. Theokratie, das bedeutete für ihn die unmittelbare Verbindlichkeit des göttlichen Willens gemäß der biblischen Offenbarung auch im Staat.

Anders als Zwingli unterscheidet Calvin jedoch streng die *weltliche* von der *geistlichen* Gewalt. Das zeigt sich in zwei Grundsätzen: Er ist gegen jede institutionelle Vermischung von geistlicher und weltlicher Amtsführung. Das gilt für ihn nach beiden Richtungen: Er tritt für eine strikte Trennung von weltlicher und geistlicher Gerichtsbarkeit ein. Das Konsistorium (geistliches Gericht) und der Magistrat (weltliches Gericht) haben streng getrennte Zuständigkeiten. Übergriffe beider Seiten waren nach Calvin unzulässig. Das bedeutete allerdings auch, daß die weltliche Gewalt den Spruch des kirchlichen Gerichts nicht mißachten durfte. Der Staat muß mit seiner Strafgewalt eingreifen, um die Religion zu schützen. Ein Beispiel: Ein Pfarrer, der eine falsche Lehre predigt, darf gemeinsam von der *Kirche und* der *weltlichen* Obrigkeit an der Ausübung seines Amtes gehindert werden.

Fassen wir zusammen: Calvin wollte den staatlichen und den kirchlichen Bereich unterschieden, wenn auch nicht gänzlich getrennt wissen, denn beide stehen auch bei ihm unter dem einen Wort Gottes. Hier geht er weiter als Zwingli, der eine hierokratische Position – jedenfalls für seine eigene Person – einnahm. Er unterordnete damit den Staat der Kirche. Das führte im Ergebnis – wenig anders als bei Luther – zu einem Staatskirchentum. Die weltliche Obrigkeit in Zürich wurde unmittelbar für das geistliche Wohl der Untertanen verantwortlich. Sie hatte den Kirchenzwang einzuführen und seine Befolgung zu überwachen.

Das hier für die großen Reformatoren angedeutete Grundproblem des Verhältnisses von Kirche und Staat ist durch die Jahrhunderte bis heute aktuell geblieben. Der reformatorische Ansatz Luthers und Calvins, Kirche und Staat stärker zu unterscheiden, geistliches Lehr- und Hirtenamt und weltliches (politisches) Gestaltungsamt deutlicher als im Mittelalter zu trennen, ist im II. Vatikanischen Konzil auch von der katholischen Kirche aufgenommen und modifiziert worden. Das hat u. a. zu einem gewandelten Verständnis der katholischen Naturrechtslehre geführt. Auch die Teilnehmer von katholischen Geistlichen an konkreten politischen Aktionen wird seither anders gesehen (vgl. die Pastoralkonstitution über die Kirche in der Welt von heute: „Gaudium et spes"). Umgekehrt wenden sich evangelische Pastoren heute stärker als je aktuellen politischen Streitfragen zu und geben Antworten, die aus ihrer Sicht biblisch begründet sein sollen.

1. Zur Rechtslehre oder „Rechtstheologie"

Auf Luther können sie sich dabei kaum berufen. er verneinte den Herrschaftsanspruch der Kirche über Gesellschaft und Staat. Er beschränkte sie auf ihren theologischen Auftrag der Verkündigung. In allen den Glauben nicht unmittelbar berührenden Fragen sollte der gläubige Christ seinem Gewissen, der *natürlichen Vernunft* und der weltlichen Obrigkeit unterstehen, nicht aber der Kirche, also dem Papst oder den Klerikern.

Widerstandsrecht als Grenze des Rechtsgehorsams

Das alles war für Luther kein juristisches, sondern ein theologisch-biblisches Problem. Es ging dabei nicht zuletzt auch um das sehr praktische und spannungsvolle Verhältnis eines Reformators zu seiner eigenen kirchlichen und weltlichen Obrigkeit.

Die reformatorische *Auffassung vom Recht* ist wesentlich von der Bibel her bestimmt, die allerdings dazu unterschiedliche Aussagen enthält. Luther geht auch hier von der Frage der Rechtfertigung des sündigen Menschen vor Gott aus. Die *Rechts*frage ist also für ihn mit seiner *Rechtfertigungs*lehre eng verknüpft. Deshalb war zunächst das 13. Kapitel des Römerbriefes direkt Gottes Befehl: „Jedermann sei untertan der Obrigkeit, die Gewalt über ihn hat, denn es gibt keine Obrigkeit, es sei denn von Gott."

Alle Reformatoren waren überzeugt, daß Gottes Allmacht und Gerechtigkeit auch für die Beseitigung einer ungerechten Obrigkeit sorgen werde. Der hier von der Bibel angeordnete duldende Gehorsam gegenüber einer ungerechten Obrigkeit hat jedoch biblische Grenzen: „Gebt dem Kaiser, was des Kaisers ist, und Gott, was Gottes ist!" (Markus 12,17) „Man muß Gott mehr gehorchen als dem Menschen" (Apostelgeschichte 5,29). Luther sah darin ein göttliches Gebot zum Widerstand verankert. Er bejahte jedoch kein Widerstandsrecht des einzelnen, der von einem Unrecht der Obrigkeit betroffen war. Auch ein naturrechtliches Notwehrrecht lehnte Luther – anders als Melanchthon – strikt ab. Nach seinem Verständnis gab es lediglich eine Widerstands*pflicht* und ein Widerstands*recht* der *Reichsstände* gegenüber einem ungerechten Herrscher, der etwa die religiösen Belange seiner Untertanen verletzte oder sonst schweres Unrecht beging. Dieses Widerstandsrecht der Reichsstände folgte aber bereits aus der Reichsverfassung, war also positives Recht. Von Luther stammt die Äußerung: „Das Evangelion nicht widder die weltliche recht lehret." Er betonte dieses Widerstandsrechts der Reichsstände, als er die Reformation zunehmend durch geistliche und weltliche Gewalten und durch deren Rechtsordnungen bedroht sah.

Auch Calvin kannte kein aktives Widerstandsrecht der einzelnen Bürger und lehnte den Gedanken der Volkssouveränität ausdrücklich ab. „Demokratischer" Widerstand war nach den Reformatoren nicht zulässig. Gewaltsames Aufbegehren solcher, die sich von einer ungerechten Obrigkeit in ihren Rechten verletzt sahen, lehnte Luther als Aufruhr ab. Einprägsam formuliert er in einem Brief an den Kaufmann Kohlhase (Kleist's Vorbild) vom 8. Dezember 1534: „Könnt ihr das Recht nicht erlangen, so ist kein ander Rat da, denn Unrecht leiden. Und Gott, der Euch so läßt Unrecht leiden, hat wohl Ursach zu Euch."

In der politischen Praxis seiner Zeit hat diese zwiespältige Problematik Luther große Schwierigkeiten eingetragen. Beispielhaft deutlich wird das in seinem Streit mit

Thomas Müntzer und in seinen Stellungnahmen zum Bauernkrieg 1525, die nicht zu Unrecht als "rasente Schriften" bezeichnet werden; es heißt darin gegen die aufständigen Bauern:

"Steche, schlage, würge hier, wer da kann ... Dunkt das jemand zu hart, der denke, daß Aufruhr unerträglich ist ..."

Festzuhalten bleibt: Die Reformation hat die Frage nach der Grenze des Rechtsgehorsams, also nach dem Widerstandsrecht, neu gestellt. Gewaltsamer Widerstand von privaten einzelnen galt allen drei Reformatoren als rechtswidriger Aufruhr. Die Reformation hat zugleich gezeigt, daß es auf diese Frage auch anhand der biblischen Aussagen immer nur zeitbedingte und risikoreiche Antworten gibt.

2. Die Wirkungen der Reformation auf Staat und Recht

Wichtiger als die Lehren der Reformation über das Recht waren die Wirkungen der Reformation auf das Recht. Warum?

Glaubenskriege

Mit dem Kirchenbann gegen Luther, mit seiner Ablehnung des Widerrufs vor dem Reichstag in Worms und mit der Reichsacht über Luther und seine Anhänger (alles 1521) war de facto ein neues Bekenntnis, eine zweite Kirche entstanden. Fortan gab es in Europa nicht mehr die eine religiöse Wahrheit, sondern mindestens zwei, bald drei Wahrheiten, die sich widersprachen und bekämpften. Die neuen Bekenntnisse mußten nun neben der alten Kirche eine Stellung im Reich, in den Fürstentümern und in den Rechtsordnungen finden. Das bedeutete eine Umwälzung des gesamten Kirchen- und Staatsverständnisses im „Heiligen römischen Reich Deutscher Nation". Dieses wurde seit 1520 von Karl V. regiert und war ohnehin von Zerrissenheit und Zerfall bedroht. Schwere Konflikte über die Grundfragen des Glaubens, der weltlichen Herrschaft und des Rechts waren damit unausweichlich.

Aus der Spaltung der einen Christenheit in verschiedene Konfessionen folgten blutige Glaubenskriege, die Europa, besonders aber Deutschland, schwer verwüsteten. Alle diese Glaubenskriege waren auch von sehr weltlichen Interessen der Kriegsparteien durchzogen. Der Augsburger Religionsfriede von 1555 schrieb u. a. auch den erreichten Stand der konfessionellen Macht-, Raum- und Vermögensverteilung fest. Er verkündete zudem ein neuartiges Friedensprinzip: Cuius regio – eius religio. Der Landesherr bekam das verbriefte Recht, die Religion seiner Untertanen zu bestimmen. Wer die ihm vom Landesherrn verordnete Religion nicht wollte, konnte nur noch auswandern. Was im Namen der reinen Lehre und der Freiheit des Gewissens begonnen hatte, führte zur staatlich verordneten Religion, zur totalen Einschnürung der Religionsfreiheit durch den jeweiligen Machthaber. Von der Freiheit des Christenmenschen blieb nur die Unterwerfung oder der Weg ins konfessionelle Exil. Das galt für beide Konfessionen.

Dieser „Friede" galt übrigens nur für Katholiken und Lutheraner. Die Anhänger Calvins waren davon noch ausgeschlossen; insgesamt also eine schmale Basis für Glaubensfreiheit, Humanität und Toleranz.

2. Die Wirkungen der Reformation auf Staat und Recht   49

Die jeweiligen konfessionellen Friedensschlüsse erwiesen sich in der Regel bald als bloße Waffenstillstände. Die explosiven konfessionellen und politischen Spannungen im zerfallenden Reich dauerten auch nach dem Aufstand der Reichsritter gegen die Fürsten (1525) an. Es folgten der große Bauernkrieg (1525), die Plünderung Roms durch deutsche Landsknechte – „sacco di Roma" – (1527) und die Herrschaft der Wiedertäufer in Münster (1534/35).

Die Glaubenskriege erreichten ihren Höhepunkt 1618 in der Katastrophe des Dreißigjährigen Krieges. Deutschland und Europa versanken in einem Meer von Blut und Tränen. Und wiederum wurde auf allen Seiten gekämpft, gebrandschatzt und getötet im Namen des wahren Glaubens. Die Bevölkerung des Reiches (ohne die Niederlande und Böhmen) sank von ca. 21 Mio. 1618 auf weniger als 13,5 Mio. 1648; andere Historiker schätzen den Blutzoll dieses Gemetzels auf ca. 30 bis 40% der Bevölkerung.

Nach unsagbaren Verwüstungen wurde 1648 zu Münster und Osnabrück der Westfälische Friede geschlossen. Der konfessionell ausgerichtete Territorialstaat als „Teilstaat" wurde jetzt die alles beherrschende Staatsform und als solche auch verfassungsrechtlich anerkannt.

Der Staat als Garant des religiösen Friedens

Um die grauenhaften konfessionellen Bürgerkriege zu beenden, erschien die Aufteilung Mitteleuropas in konfessionelle Territorialstaaten als ein plausibler Weg. Das *Gewaltmonopol des Staates* wurde zum Garanten des inneren Friedens. Der Staat wurde damals zur wichtigsten Friedensbewegung. Man lernte: Wer das staatliche Gewaltmonopol bestreitet, begünstigt den Bürgerkrieg.

Die Einheit und Handlungsfähigkeit des Reiches und seiner Organe wurden durch die Einführung der konfessionellen Parität für den Reichstag, die Reichsdeputation und die obersten Reichsgerichte entscheidend geschwächt. In Glaubensfragen galt im Reichstag nicht mehr der Mehrheitsentscheid, sondern die sog. „itio in partes", d. h., sie wurden zur Abstimmung in die jeweiligen Religionshälften überwiesen. Praktisch bleiben solche Fragen meistens unerledigt. Ähnliche Paritätsprobleme sind uns heute in Staat, Gesellschaft und Wirtschaft nicht unbekannt.

Die Calvinisten („Reformierte") wurden jetzt den Katholiken und Lutheranern gleichgestellt. Das Recht des Landesherrn, den Glauben seiner Untertanen zu bestimmen, wurde als selbstverständlich bekräftigt.

Die Glaubensspaltung hatte, spätestens zu diesem Zeitpunkt, einen *neuen Staat* und damit auch *neues Recht* geschaffen. Diese Entwicklung folgte einer gleichsam naturgesetzlichen Notwendigkeit.

Vernunft statt Glaube als Rechtsgrundlage

Mit der Einheit des Glaubens waren die wesentlichen Grundlagen entfallen, auf denen im Mittelalter das Staatsbewußtsein und das Rechtsbewußtsein geruht hatten. Der Zerfall der einen Kirche in verschiedene Konfessionen stellte das gesamte, theologisch fundierte Weltbild in Frage. Ein theologisch-biblisch begründetes Recht, das dazu diente, den mörderischen heiligen Krieg gegen den konfessionellen Gegner zu rechtfertigen, ja auszulösen, verlor mit den Kriegsgreueln zunehmend seine Überzeugungskraft. Der blutige Kampf zwischen den katholischen und den protestantischen Staaten erschien vielen als ein konfessioneller Bürgerkrieg. Seine Fronten gingen mitten durch bisher einige Völker und Länder. Sollte dem Völkermorden aus Glaubensgründen Einhalt geboten werden, so mußte eine neue, nicht theologisch-konfessionelle Rechtsbegründung gefunden werden.

Konkurrierende konfessionelle Rechtsvorstellungen als Folge der Glaubensspaltung waren geistige Grundlagen, ja geistliche Waffen der konfessionellen Bürgerkriege. Zur Wiederherstellung und Sicherung des konfessionellen Friedens war ein neues Rechtsverständnis vonnöten. Es setzte gemeinsame Wertgrundlagen der sich befehdenden Glaubensparteien und Staaten voraus.

Richtungsweisend war die auf dem Gebiet der Rechtsphilosophie damals führende theologische Fakultät an der spanischen Universität Salamanca, besonders de Vitoria, de Soto, Vázquez und de Suárez. Sie griffen auf die Traditionen des *Vernunftrechts* der Antike zurück, lösten den Rechtsbegriff von theologischen Lehrsätzen ab und entwickelten die Lehre eines neuzeitlichen, auf Vernunft, nicht auf Glauben und Offenbarung gegründeten Naturrechts.

Die Lehre von der Volkssouveränität und die Annahme eines Rechtes auf freie, eigenverantwortliche Gestaltung von Gesellschaft und Staat wurden von Salamanca aus zu entscheidenden Anstößen für die Aufklärung.

3. Rationales Naturrecht als Weg zu Humanität und Toleranz?

Die weitere Entwicklung des rational abgeleiteten Naturrechts war vielfältig und dauert bis heute in den Schulen des Konstruktivismus und der sog. rhetorischen Jurisprudenz fort. Es zeigte sich bald: Aus der einen Vernunft, auf welche die rationale Naturrechtslehre setzte, wurden die vielen konkurrierenden Vernünftigkeiten. Vernunft erwies sich als ein von weltanschaulichen Verständnissen geprägter Begriff. Die Aufklärung hatte begonnen. Die jetzt mögliche Vielheit konkurrierender Lehren wirkte sich auf das Rechtsverständnis aus.

Alle nachfolgenden Epochen haben das staatliche Recht mit rationalen oder machttheoretischen Erwägungen zu begründen versucht. Nur die katholische Kirche hielt und hält durch die Jahrhunderte hin an ihrer thomistisch-aristotelisch konzipierten Naturrechtslehre fest. Der historische Befund zeigt allerdings, daß auch dieses katholische Naturrecht historisch stark wechselnde Aussagen zu inhaltlich gleichen Fragen gemacht hat.[1]

Schauen wir zurück, so bewirkte die Reformation für das Recht zu einem Teil das, was Luther und Calvin wollten: eine *Enttheologisierung* des staatlichen Rechts und eine *Entklerikalisierung* der weltlichen Macht. Die Aufklärung und das 19. Jahrhundert haben diesen Weg vollendet. Das rationale Naturrecht hat – auf der Basis christlicher und biblischer Traditionen – den Weg frei gemacht für den Siegeszug der Lehre von den Freiheits- und Bürgerrechten eines jeden Menschen. Sie war in der Bibel insofern angelegt, als dort die Gleichheit der Menschen vor Gott, ihre Gottesebenbildlichkeit und gleiche Sündigkeit gelehrt werden. Diese Lehre wird heute von den Kirchen auch für die Nichtgläubigen anerkannt. Das ist eine späte, aber richtige Einsicht.

---

[1] Nachweise bei Rüthers, Rechtstheorie, 4. Aufl. 2008 Rdnr. 434–441.

Etwas anderes hat sich erwiesen: Der Rückgriff auf die Vernunft war keine Garantie für Toleranz und Menschlichkeit. Der theologische Zwist der Glaubensspaltung wurde durch die Existenz und Konkurrenz konfessionell geprägter Territorialstaaten und (später) Nationalstaaten dauerhaft gemacht. Zusätzlich entstanden mit der Säkularisierung der modernen Welt im Gefolge der Aufklärung die Konkurrenz und die Aggressivität der nachchristlichen Weltanschauungen und Ideologien. Aus den *konfessionellen* wurden die *nationalen* und *ideologischen* Bürgerkriege nicht nur Europas, sondern der Welt. Sie waren nicht weniger grausam und verheerend. Das rationale Naturrecht hat sie nicht verhindern können.

4. Recht und Sinnfrage

Die Frage nach dem Zusammenhang von Reformation und Recht, also von Glaube und Recht, führt zu der Frage nach den weltanschaulichen Grundlagen jeder Rechtsordnung. Luthers Ausgangsproblem war: Wie wird der Mensch vor Gott gerechtfertigt? Das betrifft einen Wesenskern des Menschen. Der Mensch braucht, um leben zu können, das Bewußtsein, gerechtfertigt zu sein oder zu werden; er ist ein Wesen, das es „richtig" gemacht haben will; hart gesagt, er ist ein „Rechtfertigungstier". Die Fragen nach Recht und Gerechtigkeit sind ein Teil der Frage nach dem Lebenssinn.

Diese Sinnfrage wird seit der Reformation in der Christenheit, erst recht in der säkularisierten Welt von heute, verschieden beantwortet. Die Antwort liegt nach Luther nicht mehr bei einem kirchlichen Lehramt, das er verdammt, sondern im freien Gewissensentscheid des einzelnen nach seinem Glauben und seiner Vernunft. Das ist ein wichtiger Schritt zur Religionsfreiheit. Aber Richtschnur blieb bei Luther und Calvin die Bibel als das Wort des einen Gottes.

Moderne Skeptiker, wie etwa Ernst Topitsch oder Odo Marquard, haben daraus – strikt gegen Luther – ein Lob des Polytheismus und der Polymythie abgeleitet. Die Verehrung einer Vielzahl von „Gottheiten" oder Mythen erscheint ihnen als eine Bedingung pluraler Freiheit. Dieser Skeptizismus fordert eine elastische Position. Nach Marquard hätte man in der Lage Luthers vor dem Reichstag in Worms sagen können oder sollen: Hier stehe ich, ich kann auch anders!

Es geht bei allem endlich um die Frage, was nach den historischen Erfahrungen mit Religions- und Weltanschauungskriegen zuletzt als möglicher rechtstheoretischer Standpunkt für ein Überleben in Würde noch übrigbleibt. Oder: Wie ist ein friedliches, gewaltfreies Nebeneinander von Religionen und Ideologien in dieser zerrissenen Welt praktisch möglich?

5. Pluralismus und Grundrechtsdemokratie als späte Frucht der Reformation

Toleranz setzt dem Wortsinn nach einen eigenen, festen Standpunkt dessen voraus, der die Meinung anderer toleriert, also erträgt. Die Standpunktlosigkeit ist zur Toleranz unfähig. Die Toleranzedikte der nachreformatorischen Epoche bedeuteten nicht die Preisgabe der eigenen Glaubensüberzeugung, sondern die bewußte Hinnahme und Respektierung abweichender Konfessionen. Der Andersgläubige erhielt einen staatsrechtlichen Freiraum,

5. Pluralismus und Grundrechtsdemokratie

eine Rechtsschutzgarantie. Man geht davon aus, daß er im Irrtum sei, erträgt ihn aber dennoch. Toleranz war also der erste Schritt zur Religionsfreiheit, nicht aber zur staatsrechtlichen Gleichberechtigung der verschiedenen Konfessionen.[2]

Dazu war ein langer und schmerzlicher Weg erforderlich. Die vorläufig letzte Etappe ist die relative religiöse und weltanschauliche Neutralität des Staates und des staatlichen Rechts. Auch sie ist eine Frucht der Reformation und der durch sie absichtslos geförderten Aufklärung. Der Staat verzichtet darauf, sich mit einer Religion oder Konfession gleichzusetzen, geschweige denn eine Staatsreligion mit Zwangsmitteln durchzusetzen. Die Weltanschauungsneutralität des Staates bedeutet, daß verschiedene Auffassungen über Gott und die Welt, über Recht und Staat, über Wahrheit und Irrtum als gleichberechtigt gelten und miteinander im Wettbewerb stehen. Staat und Rechtsordnung verzichten darauf, außerhalb der Verfassungsgrundwerte Aussagen über Wahrheit und Irrtum in Religions- oder Weltanschauungsfragen zu machen. Sie „wissen nicht", was hier Wahrheit ist, sind also insoweit relativistisch. Dieser für Demokratien kennzeichnende staatliche Relativismus ist eine Bedingung der Freiheit in pluralen Gesellschaften mit konkurrierenden Weltanschauungsgruppen. Für totalitäre Systeme ist schon das Wort Pluralismus eine Existenzgefahr. Gerade dieser Pluralismus aber war eine zwangsläufige und wirkungsmächtige Folge der Reformation. Seine Verarbeitung in der Staats- und Rechtsphilosophie hat – über die Jahrhunderte hin – die gegen-

---

[2] B. Rüthers, Toleranz in einer Gesellschaft im Umbruch, Konstanz 2005, S. 21 ff.

wärtige Form der Grundrechtsdemokratie hervorgebracht. In ihr ist der Staat als Garant der Menschen- und Bürgerrechte, der Glaubens- und Gewissensfreiheit gedacht.

Ob und wie es uns gelingt, die anspruchsvollen und schwierigen gesellschaftlichen, bewußtseinsmäßigen und bildungspolitischen Bedingungen dieses Pluralismus immer neu zu finden, zu bewahren und zu festigen, das ist eine offene Frage.

III. Gesetzessprache und Systemgerechtigkeit

Die hochentwickelten Industriegesellschaften unserer Tage sind durch eine rasante Dynamik der Veränderung in nahezu allen Lebensbereichen gekennzeichnet. Technische und wirtschaftliche Neuentwicklungen formen das Leben der Menschen im einzelnen wie in den kollektiven Lebensverhältnissen um. Arbeit, Freizeitverhalten, Verkehr, Konsumbedürfnisse, Wertvorstellungen, Sinngebungen und Sinnfindungen, religiöse und parareligiöse Orientierungen, schier alles ist in Bewegung geraten. Neue Welt- und Leitbilder humaner Existenz entstehen und konkurrieren mit den überkommenen und untereinander.

Die Vielfalt der Entwicklungstendenzen – gespiegelt im Literatur-, Kultur- und Kunstbetrieb – nimmt gelegentlich chaotische Züge an. In diesen schwankenden Erscheinungen mag manchem Zeitgenossen das Recht – sei es das gute *alte* oder auch das stets zu reformierende *moderne* Recht – als etwas doch noch Verläßliches, ein Hort der Sicherheit, der Gerechtigkeit, der Garantie von Humanität und Freiheit erscheinen. Wir alle, besonders die Justizjuristen, also Richter, Staatsanwälte und Rechtsanwälte, sind nicht selten mit solchen Erwartungen unserer Mitbürger konfrontiert. Was haben wir zu bieten? Wie steht es mit der Erfüllbarkeit solcher Sehnsüchte?

Das Grundgefühl gegenüber hohen Erwartungen an die Ergebnisse staatlicher Gerichtsverfahren ist das einer zunehmenden Skepsis. Sie ist bei Juristen und Nichtjuristen zu beobachten. Geschichtliche Erfahrungen der jüngeren Vergangenheit bestätigen das. Der schnelle Wechsel politischer Systeme in Mitteleuropa der letzten neunzig Jahre, speziell in Deutschland und Österreich, vielleicht mehr noch die durch zwei Weltkriege ausgelösten Währungs- und Sozialkatastrophen haben das Vertrauen in die Unverbrüchlichkeit des Rechts und die justizförmigen Rechtsgewährleistungen bei Millionen von Mitbürgern dauerhaft und für Generationen erschüttert. Das Bild der wendigen, ja gelegentlich der „furchtbaren" Juristen[1] bestimmt weithin die öffentliche, mindestens die veröffentlichte Meinung. Die „bösen" Juristen bekommen eine Sündenbockfunktion für die politischen Verirrungen ganzer Nationen zugeschrieben.

Für den Juristenstand besteht Anlaß, unbeeinflußt von vordergründigen tagespolitischen Anwürfen und Aggressionen die verschiedenen Ursachen und Problemfelder rechtlicher Veränderungen und Unsicherheiten nüchtern zu analysieren. Aus der Vielfalt möglicher Aspekte zum Thema seien hier vier Hauptprobleme herausgegriffen:
– Recht und sozialer Wandel,
– Recht und Sprache,
– Recht und Gerechtigkeit,
– Recht und Rechtsidee.

---

[1] So der Titel der Schrift von I. Müller, Furchtbare Juristen – Die unbewältigte Vergangenheit unserer Justiz, München 1987.

1. Sozialer Wandel und Recht

Wenn vom Recht die Rede ist, beginnt die Unsicherheit damit, daß – in Wissenschaft und Gerichtspraxis, aber auch im Sprachgebrauch des Alltags – mit diesem Wort sehr unterschiedliche Vorstellungen und Assoziationen verbunden werden. Die einen denken an eine vorgegebene, unverfügbare und unerschütterliche Ordnung von Grundwerten, Menschen- und Freiheitsrechten, die nicht zur Disposition der staatlichen Machthaber stehen. Andere sehen darin ein notwendiges Instrument der Herrschaft und der sozialen Gestaltung. Die Gesetzgebungsmacht gilt als unerläßliche Bedingung für staatliche Machthabe. Wer die Mehrheit, die dazu in einer Demokratie erforderlich ist, verliert, regiert ohne dauerhafte Gestaltungsmacht, er verliert die Regierungsfähigkeit, muß zurücktreten.

Wieder andere sehen im Recht nur die formal verfestigte Ideologie der Vergangenheit („Vom Rechte, das mit uns geboten ..." – aber Vorsicht: Goethe läßt das den Mephisto sagen!). Unbezweifelt wird man sagen können: Das Recht hat sich aus der Sphäre des durch Gewohnheit und allgemeine Rechtsüberzeugung verbürgten Verhaltensmusters seit dem Hochmittelalter immer mehr zu einem nur den Fachleuten voll vertrauten oder doch erkenn- und durchschaubaren Lenkungsinstrument für immer komplexer und komplizierter werdende Gesellschaftsformationen entwickelt. Es ist damit – mindestens zeitweise und zu erheblichen Teilen – ein Juristenrecht geworden, nämlich von Juristen formuliert und an Juristen adressiert. Von einem Volksrecht im Sinne eines dem Volk einsichtigen Rechtes kann in weiten Bereichen entwickelter Gesellschaftsordnungen seit langem nicht mehr die Rede sein. Die Zeit der „Do-it-yourself-Verfahren" ist bei der Suche nach dem geltenden Recht vorbei.

Für den einfachen Bürger ist das Recht aus eigener kraft und eigenem Verstand in weiten Bereichen nicht oder kaum mehr erkennbar. Auch wenn er – im Glücksfall – allein die einschlägigen Normen oder Entscheidungen findet, kann er sie nicht ohne fachkundigen Rat verstehen.

Das Recht komplexer Gesellschaften wird notwendig volksfremd. Die Unsicherheit, ja das Gefühl des Ausgeliefertseins an eine unbekannte Macht, die sich Rechtsordnung nennt und von Fachjuristen verwaltet wird, ist ein Grundgefühl, nicht selten ein Alptraum vieler Bürger in modernen Gesellschaften.

Selbst unter den Juristen ist oft nur noch ein Spezialist dazu in der Lage, die auftretenden Rechtsfragen optimal zu beantworten. Veranschaulichen läßt sich das am Beispiel eines Hausbaus. Für Streitigkeiten um die Erteilung der Baugenehmigung bedarf es eines in den Feinheiten des öffentlichen Baurechts beschlagenen Fachmanns. Die Frage, welche Finanzierung des Eigenheims und welcher Zeitpunkt des Baubeginns steuerrechtlich am günstigsten ist, kann dagegen nur ein steuerrechtlich versierter Anwalt beantworten. Ist der Bau schließlich nicht zur Zufriedenheit des Bauherrn ausgefallen, so benötigt er für die Rechtsstreitigkeiten mit Bauunternehmer, Handwerkern und Architekt einen zivilrechtlich versierten Rechtsberater. Für die Beurteilung eines einheitlichen Lebenssachverhalts müssen damit notfalls drei Spezialisten eingesetzt werden.

Die Unsicherheit der Bürger gegenüber dem Recht ist eine unvermeidbare Gegebenheit in hochdifferenzierten sozialen und politischen Systemen. Sie kann nicht beseitigt werden. Sie muß als Faktum in den Vermittlungsprozeß der Juristen aller Berufe gegenüber den Bürgern einbezogen, erläutert und erträglich gemacht werden.

Eine Ursache der rasanten Ausbreitung des Rechtsstoffes, der Dynamik seiner inhaltlichen Veränderungen und der Vielfalt neuer, ständig sich entwickelnder Problemlösungen liegt im umbruchhaft schnellen Wandel der sozialen Fakten und – parallel dazu – der Wertvorstellungen der Menschen. Naturwissenschaften, Technik, Ökonomie, neue Kommunikationssysteme, das alles hat in den letzten einhundertundfünfzig Jahren neue Welten, neue Weltbilder, Wertbilder und Rechtsvorstellungen der verschiedensten Art entstehen lassen. Recht ist – nicht zuletzt – auch ein Instrument der nachhinkenden Steuerung dieses gewaltigen Umwälzungsprozesses geworden. Dabei wirken viele verschiedene Normsetzungsfaktoren zusammen.

Die Wertschätzung der Tradition hat sich grundlegend verändert. Früher berief man sich auf das gute alte Recht. Es war einfach und durch Gewohnheit und Gemeingebrauch verbürgt. Oder es gab nur *einen* Gesetzgeber: Der Kaiser, der König, der Fürst, das Parlament erließen die gültigen Rechtsregeln. Wer heute das geltende Recht sucht, kann sich nicht auf Gesetze verlassen. Oft gibt es keine. Er muß die (schwankenden) Erkenntnisse der zuständigen letzten Gerichtsinstanzen kennen. Denn geltendes Recht ist heutzutage das – und oft nur das –, was die letzte Instanz sagen wird. *O. W. Holmes*, ein für seine prägnanten Formulierungen bekannter amerikanischer Bundesrichter, hat den Rechtsbegriff zynisch, aber wirklichkeitsnah schon um die Jahrhundertwende so definiert[2].

---

[2] O.W. Holmes, The path of Law, Harvard Law Review, Vol. X (1897), S. 460.

Der soziale Wandel hat die gesetzgebenden Instanzen in ihrer verfassungspolitischen Bedeutung zurückgedrängt. Er hat den letzten Gerichtsinstanzen als den zeitlich meist vorrangigen Ersatzgesetzgebern beträchtliche Regelungsmacht aufgezwungen. Nach anfänglichem Zögern ist für viele Obergerichte aus der *Last* eine *Lust* geworden. Macht macht sinnlich. Vergessen wird oft, daß Richterrecht, insbesondere neues oder geändertes Richterrecht, für die rechtsuchenden Parteien, die zuerst davon betroffen werden, etwa so wirkt wie taubeneiergroße Hagelschläge aus blauem Himmel. Richterrecht ist unberechenbar, also extrem unsicher. Jeder Jurist kann sich die passenden Beispiele hinzudenken.

2. Sprache und Recht

Recht ist in Sätzen (Rechtssätzen) gefaßt. Es existiert nur in sprachlicher Formulierung. Es kann ohne Sprache nicht gedacht werden. Es kann nur in der Sprache vermittelt, angewendet, verändert werden. Sprache ist die Existenzform des Rechts. Die Sprache ist – nicht nur, aber auch – das unverzichtbare, unentrinnbare Arbeitsgerät des Juristen. Seine perfekte Sprachbeherrschung ist die unverzichtbare Arbeitsgrundlage.[3]

Diese Sprache ist als Arbeitsgerät ungenau, mehrdeutig und durch wechselnde Begriffsinhalte gekennzeichnet. Die Mehrdeutigkeit der Sprache ist uns seit Kinderzeiten vertraut (Teekesselchen-Raten). So ist die akustische Aussage „Ich habe in Moskau liebe Genossen (Liebe

---

[3] Näher bei B. Rüthers, Rechtstheorie, 4. Aufl. 2008, Rdnr. 150–216.

2. Sprache und Recht

genossen)" möglicherweise grundverschieden gemeint, je nachdem, ob sie der Politiker einer sozialistischen Partei oder ein erlebnisfroher Tourist tut.

Jedes Wort und jeder Text beziehen ihren Sinn zu erheblichen Teilen aus dem Kontext, aus dem zeitlichen und räumlichen Umfeld. Die Bedeutung eines Wortes oder Satzes kann sich unter veränderten Rahmenbedingungen geradezu ins Gegenteil verkehren. Dafür gibt es ein frappierendes historisches Beispiel. Im „Decretum Gratiani" (einem kirchlichen Rechtsbuch von 1140) steht der Satz: „Der Kaiser ist der Sohn der Kirche, nicht ihr Herr."[4]

Vor dem Hintergrund des Machtkampfes zwischen Kaiser und Papst im 12. Jahrhundert konnte und sollte dieser Satz den weltlichen Herrschaftsanspruch des Papstes begründen. Die Kaiserkrone wurde als vom Papst verliehenes Lehen gedeutet. Geschrieben wurde dieser Satz im Jahr 496 von Papst Gelasius I. Er versuchte damit, den Kaiser zu veranlassen, die Autonomie der Kirche zu achten. *In der Kirche* sollte sich der Kaiser als Sohn, nicht als ihr Herr gebärden. Wir sehen: Derselbe Satz bedeutet im unterschiedlichen Zeithorizont (Kontext) gerade das Gegenteil.

Das vieldiskutierte „Widerstandsrecht" etwa ist in einem totalitären System eine mögliche Waffe gegen die Tyrannei, in einer freiheitlichen Demokratie dagegen ein potentielles Mittel, demokratisch gefällten Entscheidungen den Gehorsam zu verweigern, die Verfassungsordnung insgesamt in Frage zu stellen, die Diktatur von Minderheiten zu rechtfertigen.

---

[4] Vgl. Migne CL XXXII 776 u. 464; dazu näher B. Rüthers, Rechtstheorie, 4. Aufl. 2008, Rdnr. 173.

Kurzum: Einen Text verstehen setzt voraus, daß man die Situation kennt und begreift, auf die dieser Text eine Antwort geben soll. Das gilt auch und ganz besonders für Gesetzestexte. Der Versuch einer Auslegung nach dem schlichten („vernünftigen") Wortlaut ist einer Freiballon-Fahrt vergleichbar[5]. Der Text wird aufgelassen wie ein Luftballon, und der Wind des jeweiligen Zeitgeistes treibt ihn, wohin er will. Eine Chance des Normgebers, seine konkreten Gestaltungsziele zu verwirklichen, besteht dann nur im Rahmen der Schwankungen des Zeitgeistes, vertreten durch die Rechtsanwender. Die herrschende Lehre und Praxis bezeichnen dieses Auslegungsverfahren überraschend als die *„objektive* Methode". Sie schafft den *subjektiven* Meinungen der Rechtsanwender weite Freiräume.

Die Ungenauigkeit der Umgangssprache ist für den Juristen eine weitere alltägliche Herausforderung. Was ist ein „Wald", der in der Zeit des Waldsterbens zu schützen ist? Wie viele Bäume bilden einen Wald? Nach der Verordnung zum eidgenössischen Forstpolizeigesetz gilt als Wald jede mit Waldbäumen oder Sträuchern bewachsene Fläche, und zwar unabhängig von Größe, Nutzungsart, Entstehung und Bezeichnung im Grundbuch. Als Wald gilt auch noch eine baumlose Fläche, auf der, zum Beispiel mit Luftaufnahmen nachweisbar, früher Wald stand. Die Größe der Fläche und das maßgebende Alter der Bestockung sind der kantonalen Gesetzgebung überlassen. Im Kanton Zürich gilt als Wald eine minimale Fläche von 300 Quadratmetern, die mindestens zehn Meter breit sein muß. Natürlich einwachsende Flächen

---
[5] Ph. Heck, Gesetzesauslegung und Interessenjurisprudenz, AcP 112, 1 ff., 62 Fn. 87.

gelten als Wald, wenn die Bäume und Sträucher durchschnittlich älter als zehn Jahre sind. Wer also zum Beispiel aus Unachtsamkeit eine am Waldrand gelegene Wiesenparzelle sich selbst überläßt, hat gute Chancen, eines Tages als Waldbesitzer „festgestellt" zu werden mit allen vom Kanton wie vom Bund sehr streng gehandhabten Nutzungseinschränkungen: Er darf das Areal nicht einzäunen, darin nicht gärtnern, keinen Parkplatz erstellen, keine Terrainverschiebungen vornehmen, und eine Rodungsbewilligung ist in der Regel nur für öffentliche Zwecke erhältlich.

Welche konkrete Zeitspanne ist die im Gesetz genannte „Nachtzeit" einerseits bei der schweren Jagdwilderei (§ 292 Abs. 2 StGB), andererseits bei der Hausdurchsuchung nach § 104 Strafprozeßordnung? Der deutsche Gesetzgeber überläßt die Frage im materiellen Strafrecht der Rechtsprechung[6], im Prozeßrecht greift er zur – von der Judikatur zu § 292 StGB abweichenden – Legaldefinition. Wann ist eine vertragliche Leistung „unmöglich", wann „unzumutbar"[7]? Wann ist eine Nötigung „verwerflich"[8]? Die Sprache versagt hier.

---

[6] Nach der Rechtsprechung ist gemeint die Zeit von Beginn der Abend- bis zum Ende der Morgendämmerung, also nicht nur die Zeit der Nachtruhe; KG JW 1937, 763; OLG Köln GA 1956, 300; BGH GA 1971, 336; Leipziger Komm-Schäfer, 10. Aufl. 1980, § 292 Rdnr. 88, § 293 Rdnr. 10.

[7] Hierzu K. Larenz, Schuldrecht, Bd. 1, 13. Aufl. 1982, §§ 10 II c, 27 I; Flume, Allgemeiner Teil des Bürgerlichen Rechts, B. 2, 3. Aufl., 1979, S. 508 f.; Fikentscher, Schuldrecht, 7. Aufl., 1985, § 27 III 4, S. 133 f.

[8] Die Verwerflichkeit kann sich aus dem Nötigungsmittel, dem erstrebten Zweck, aber auch erst aus dem Mißverhältnis von Mittel und Zweck ergeben; vgl. hierzu BGHSt 17, 332; OLG Köln, NJW 1986, 2443; Schönke-Eser, StGB, 23. Aufl., 1988, § 240 Rdnr. 17 ff.

Der Ungenauigkeitsfaktor vieler, ja fast aller Wörter der Alltags- und Fachsprache in den Randzonen der Begriffsbedeutungen verweist auf grundlegende linguistische Gegebenheiten und Probleme.

Sprache ist das Produkt eines endlosen individuellen und kollektiven Entwicklungs- und Lernprozesses. Wir alle stehen mitten in diesem Prozeß. Diese Realität verursacht für die Arbeit der Juristen erhebliche Probleme. Sie sollen in ihren Entscheidungen ja nicht ihr eigenes subjektives Rechtsverständnis verwirklichen. Sie sind vielmehr – nach den Grundsätzen der Gewaltenteilung und der Demokratie – an „Gesetz und Recht" gebunden. Richter sind „unabhängig und nur dem Gesetz unterworfen", heißt es in Art. 97 Abs. 1 des Grundgesetzes. Der Text vernachlässigt als Sollensnorm eine wichtige reale Gegebenheit. Realistisch müßte er heißen: Richter sind dem Gesetz unterworfen und dem Zeitgeist ausgesetzt.

Zeitgeist und Recht, das ist ein bedeutungsschweres Thema. Welche Bedeutungswandlungen haben Wörter erfahren wie Ehre, Volksgemeinschaft, Rasse, Vaterland, Treue, Freundschaft, Frieden, Fortschritt, sozial, Sozialismus, Demokratisierung? Ihr Inhalt kann heute dieser, schon morgen ein anderer sein. Wertbezogene Wörter sind zusätzlich von prägenden individuellen und schichtspezifischen Lebenserfahrungen in ihrer Bedeutung vorgeformt: Vater, Mutter, Liebe, Heimat, Treue, das sind Wörter, deren Inhalte sich für den Einzelnen (bewußt oder nicht bewußt) aus Kindheitserfahrungen („Kindheitsmustern", *Chr. Wolf*) zusammensetzen. Es gibt grundlegende Ereignisse – wie etwa die Jahre von 1940 bis 1950 –, die das Wert- und Weltbild einer Generation bis in die Sprache hinein prägen. Die Generationen danach sprechen eine andere Sprache.

2. Sprache und Recht

George Steiner hat es in „Nach Babel" treffend formuliert: „Jede sprachliche Verständigung, auch in derselben Sprache, ist immer ein Übersetzungsversuch." Extremes Beispiel dafür war und ist der Generationenkonflikt der 20 Jahre um 1968.

Er begann mit verschiedenen Vorstellungen zu denselben Wörtern. Wie ist es zu erklären, daß große und weniger große Kodifikationen – etwa das österreichische ABGB von 1812 oder das deutsche BGB von 1900 oder auch das EheG von 1938 – in beiden Ländern über sehr verschiedene politische Systeme hinweg, im Text nahezu unverändert, den Juristen als problemlos brauchbare Textgrundlage gedient haben? Wie haben sie aus diesen Texten immer neue, jeweils zeitgeist- und systemgerechte Ergebnisse hervorgezaubert? Das Interpretationsproblem kann hier nicht vertieft werden. Aber die Juristen sehen oder müssen einsehen, daß hier für viele Bürger eine Quelle des Mißtrauens gegenüber der Unverbrüchlichkeit des Rechts und gegenüber der Rechtlichkeit und Zuverlässigkeit juristischen Arbeitens liegt.[9]

Die übrigen Textwissenschaften, von der Theologie über die Geschichte, die Literaturwissenschaft und die Sprachwissenschaft bis zur Philosophie, haben hermeneutische Erkenntnisse gesammelt, die von den Juristen nicht auf Dauer ohne Selbstschädigung vernachlässigt werden können. Mindestens den parallelen Fragestellungen kann sich die Jurisprudenz nicht verweigern. Solche Fragen lauten etwa: Ist die Vorstellung, ein Gesetzestext habe mit seiner Verabschiedung einen ein für allemal festgelegten Sinn, vielleicht ein zweifelhaftes Dogma ju-

---

[9] B. Rüthers, Die unbegrenzte Auslegung, 6. Aufl., Tübingen 2005.

ristischer Metaphysik? Ist der „Akt des Lesens", also der Akt der Auslegung des Gesetzes im Zeithorizont des Rechtsanwenders, der eigentlich produktive und konstruktive (= rechtspolitische) Akt der Normsetzung mit vergleichsweise schwachen Elementen der Reproduktion des ursprünglichen, historischen Textsinns? Sind also Gesetze wie festgeschraubte Kleiderhaken, an denen mit der jeweiligen Interpretation wechselnde, oft gar sehr schnell variierende Zeitmoden aufgehängt und für gesetzmäßig und rechtskräftig erklärt werden?

Alles in allem: Die Sprache ist für den Juristen ein unsicheres, schwieriges Arbeitsgerät. Sinnvolle juristische Arbeit setzt ein hohes Maß von Sensibilität für diese sprachlichen Unsicherheitsfaktoren und -relationen voraus. Juristische Problemlösungen sind in ihrer Qualität von der Durchdringung schwieriger sprachlicher Problemkonstellationen abhängig. Eine Jurisprudenz ist individuell wie kollektiv nur so gut oder schlecht, wie es das Sprachvermögen der Juristen zuläßt.

3. Gerechtigkeit und Recht

Menschen, die mit ihren Klageanträgen vor ein staatliches Gericht gehen oder selbst als Angeklagte erscheinen müssen, erwarten zuerst Gerechtigkeit. Die Gerichte haben aber in erster Linie staatliches Recht anzuwenden. Das Angebot (staatliches Recht) und die Nachfrage (letzte Gerechtigkeit) fallen nicht selten, in der Sicht des unterlegenen Prozeßbeteiligten sogar regelmäßig, auseinander.

Die Schwierigkeit, genau zu erfassen, was gerecht sei, ist seit alters her bekannt. *Platon* beschreibt sie in seiner

3. Gerechtigkeit und Recht

Politeia (432b) mit einem bedenkenswerten Bild. Als er die Kardinaltugenden einer vollkommenen Stadt (Klugheit, Tapferkeit, Besonnenheit und Gerechtigkeit) schildert, sagt er zu seinem Gesprächspartner *Glaukon* über die Gerechtigkeit: „Nun also müssen wir wie Jäger den Busch rings umstellen, daß uns die Gerechtigkeit nicht etwa entschlüpfe und dann, wenn sie einmal verschwunden ist, nicht wieder zum Vorschein komme. Denn offenbar ist sie hier irgendwo …" Wenig später fährt er – nachdem er zunächst zu einem gemeinsamen Gebet aufgefordert hat – im gleichen Bild fort: „Freilich … scheint mir der Ort gar unzugänglich und überwachsen, wenigstens ist er dunkel und schwer zu durchstreifen; aber wir müssen dennoch gehen." Kurz danach heißt es: „Ja, ja, Glaukon! Es scheint, daß wir eine Spur haben, und ich glaube, sie soll uns nun gewiß nicht entkommen … Schon lange liegt sie vor uns von Anfang an vor den Füßen, und wir haben sie nur nicht gesehen, sondern waren ganz lächerlich, wie … Leute, die etwas in der Hand haben und dasselbe suchen, das sie doch haben. So haben auch wir nicht auf den Fleck (in der Nähe) geschaut, sondern irgendwohin ins Weite. Deshalb mußte sie uns natürlich entgehen."

Platon definierte dann Gerechtigkeit dahin, daß nach ihr jeder das Seine zu *tun* und zu *bekommen* habe. An dem Text ist mehreres zu bedenken. Zunächst fällt auf, daß *Platon* mit den Gepflogenheiten der Treibjagd wohl vertraut war. Zur Jagd auf die Gerechtigkeit wird zunächst das Gebüsch umstellt. Die Gerechtigkeit vergleicht er mit dem flüchtigen Wild, das schwer zu fassen ist und, wenn es einmal entkommen ist, nicht wieder zum Vorschein kommt. Die Jäger nach der Gerechtigkeit sehen bei ihm vor lauter Bäumen den Wald nicht. Sollte *Platon* hier auch an Juristen gedacht haben? sie suchen in der Ferne, was doch vor ihren Füßen liegt.

Vor der Suche nach der Gerechtigkeit fordert er zum gemeinsamen Gebet auf. Die Gerechtigkeit ist also offenkundig auch metaphysisch geprägt. Sie ist nach der Weisheit der alten Philosophie für die Irdischen nicht beliebig erkennbar und verfügbar. Ohne die gemeinsam erflehte Hilfe der Götter ist sie – für *Platon* – nicht zu fassen.

Von Anfang an hat er jedoch Vertrauen in ihre greifbare Existenz. Wörtlich: „Offenbar ist sie hier irgendwo." Aber: Der Ort ist „gar unzugänglich und überwachsen"; jedenfalls „dunkel und schwer zu durchstreifen". Sollte Platon hier das Gestrüpp der juristischen Dogmatiken vorhergesehen haben? Schicksalsergeben heißt es dann – wieder ganz passend für uns –: „Aber wir müssen dennoch gehen!"

Wir haben Gerechtigkeit zu suchen trotz der Finsternis und Unzugänglichkeit des juristischen Unterholzes. Auch hier ist Platons Lebensnähe zur beruflichen Pflicht der Juristen augenfällig. Auch sie müssen dennoch entscheiden, auch wo sie die beste aller denkbaren Lösungen noch nicht kennen. Der Zwang zum Entscheiden ist immer größer als die Möglichkeit, wirklich vollkommene („gerechte") Lösungen parat zu haben.

Die Stelle lohnt das Nachsinnen. Hier mag die Feststellung genügen: Unser Wissen vom Inhalt der Gerechtigkeit ist flüchtig; sie hat im Kern wert- und weltanschauungsbezogene, also metaphysische Grundlagen.

Die Unsicherheit unseres Wissens um Wirklichkeit, Wahrheit, Gerechtigkeit und Recht wird in der Philosophie und Religion alter Kulturen immer wieder angesprochen. Ich greife noch einen Abschnitt aus der Weisheit des *Laotse* (geb. 571 v. Chr.), einem der beiden klassischen chinesischen Philosophen, heraus. Dort heißt es im ersten Buch über das Wesen des Tao zur „Müßigkeit des Diskutierens": „Angenommen, Sie und ich diskutieren. Wenn Sie recht behalten und ich nicht, haben Sie dann unbedingt recht und ich unrecht? Oder wenn ich über Sie siege und nicht Sie über mich, habe ich dann notwendigerweise recht und Sie unrecht? Oder haben wir beide teils recht und teils unrecht? Oder haben wir beide zur Gänze recht und zur Gänze unrecht? Da Sie und ich das nicht wissen können, leben wir beide im Dunkeln. Wen soll ich bitten, zwischen uns Richter zu sein? Wenn ich jemand bitte, der Ihrer Ansicht ist, wird er für Sie Partei ergreifen. Wie kann ein solcher zwischen uns Schiedsrichter sein? Wenn ich jemand bitte, der meiner Ansicht ist, wird er für mich Partei ergreifen. Wie kann so einer zwischen uns Schiedsrichter sein? Wenn ich jemand bitte, der mit keinem von uns beiden übereinstimmt, wird er ebenfalls nicht imstande sein, zwischen uns zu entscheiden, da er ja keinem von uns zustimmt. Und wenn ich jemand bitte, der uns beiden beistimmt, wird er gleicherweise unfähig sein, zwischen uns zu entscheiden, da er ja uns beiden zustimmt. Da also weder Sie noch ich, noch andere entscheiden können, wie können wir uns da aufeinander verlassen? Die Worte, die wir in der Diskussion gebrauchen, sind also relativ; wenn wir das Absolute erreichen wollen, müssen wir sie mittels der Einheit Gottes in Einklang bringen und ihrer natürlichen Entwicklung bis ans Ende unserer Tage folgen. Aber was heißt sie mittels der Einheit Gottes in Einklang zu bringen? Folgendes: Das Recht könnte vielleicht nicht wirklich Recht sein. Was so scheint, könnte vielleicht nicht wirklich so sein. Sogar wenn das, was Recht ist, wirklich Recht ist, kann durch Vernunftgründe nicht klargemacht werden, worin es sich vom Unrecht unterscheidet. Sogar wenn das, was so erscheint, wirklich so ist, kann dennoch durch Vernunftsgründe nicht klargemacht werden, worin es sich von dem, was nicht so ist, unterscheidet[10]."

Wir haben also seit alters her Schwierigkeiten, Recht und Unrecht nach den Kriterien der Gerechtigkeit sicher zu unterscheiden.

Andererseits gilt die Gerechtigkeit allgemein als unbezweifelte Grundvoraussetzung für die Legitimität staatlicher Herrschaft und rechtlicher Geltungsansprüche: „Justitia fundamentum regnorum." Schon *Augustinus* sagte: „Was sind Staaten ohne Gerechtigkeit anderes als große Räuberbanden?"

Die Evidenz und Plausibilität dieser Thesen wird getrübt, wenn man ins Detail einzelner Zuteilungsfragen von Lasten oder Vorteilen geht. Gerechtigkeitsurteile werden von Interessenstandpunkten, von Wert- oder Weltanschauungspositionen beeinflußt. Gerecht ist im Rechtsalltag für viele Bürger, manchmal sogar für einflußreiche Politiker das, was optimal ihren Interessen oder ihren weltanschaulichen Vorverständnissen entspricht. Gerechtigkeitsurteile sind in aller Regel Mischungen aus Glaubensüberzeugungen und Interessenbewertungen. Sie sind stark subjektiv geprägt.

Was ist also Gerechtigkeit? Ich behaupte, wir wissen es nicht, jedenfalls nicht genau. Dafür gibt es eindrucksvolle Belege. Seit Jahren lege ich in Lehrveranstaltungen der Rechtsphilosophie den Studenten in Konstanz und St. Gallen ein Fallbeispiel vor: Es geht um einen Streit unter

---

[10] Zitiert nach Lin Yutang (Hrsg.), Die Weisheit des Laotse, Frankfurt 1955, S. 51 f.

3. Gerechtigkeit und Recht

zwei Brüdern, die den Nachlaß eines dritten unter sich aufzuteilen haben[11]. Die Aufgabe der Studenten (am Ende ihres Jurastudiums) besteht darin, eine gerechte Teilung vorzuschlagen und zu begründen. Dabei wird vorausgesetzt, daß eine gesetzliche oder gewohnheitsrechtliche Regelung nicht besteht. Jeder kann die ihm gerecht erscheinende Lösung begründen. Ich erspare dem Leser die Einzelheiten. Es gibt, nur das ist hier wichtig, mehr als fünfzehn verschiedene Lösungsvorschläge. Wenn dann im Hörsaal die gerechte Lösung durch Abstimmung ermittelt wird, bleiben regelmäßig vier bis fünf Lösungen in oft fast gleichwertiger Konkurrenz. Das stimmt die jungen Juristen in der Regel sehr nachdenklich. Gibt es *die* Gerechtigkeit oder *viele* mögliche Gerechtigkeiten?

In nahezu allen offenen, nicht gesetzlich festgelegten Regelungsfragen gibt es viele mögliche und vertretbare Lösungsmuster, nicht aber *die eine* gerechte Regelung. Die Juristen haben dafür nur eine beschränkte, aus historischer Erfahrung gespeiste Fachkompetenz. Wir Juristen sind gleichsam die mitbeteiligten Protokollführer und Archivare der durch die gesamte Menschheitsgeschichte geführten Gerechtigkeitsdefinitionen. Eine darüber hinausreichende eigenständige wissenschaftliche Monopolkompetenz in Sachen Gerechtigkeit haben die Juristen nicht.

Über die zutreffenden Kriterien der Gerechtigkeit wird in den einschlägigen Disziplinen (Philosophie, Geschichte, Soziologie, Theologie, Politikwissenschaft, Jurisprudenz) seit jeher lebhaft gestritten. Es gibt zahl-

---

[11] Den Fall habe ich bei Erich Fechner, Rechtsphilosophie, 1956, S. 11 Fn. 1, gefunden. Vgl. den Nachweis dort.

reiche Theorien der oder über die Gerechtigkeit, die miteinander konkurrieren. Gleichwohl ist diese Debatte nicht ohne Ergebnisse geblieben. Als Merkmale der oder doch Prüfsteine für die Gerechtigkeit von Regelungen gelten:
– Wahrung der persönlichen Freiheit im Sinne der Menschenwürde und der Selbstbestimmung
– Gleichheit vor dem Gesetz
– Angemessenheit/Verhältnismäßigkeit
– Rechtssicherheit.
Die Merkmale klingen zunächst einleuchtend. Sie sollen dazu dienen, jeweils abwägend festzustellen, welches im konkreten Fall einer Interessenkonkurrenz die „fundamentaleren" Interessen sind, die den Vorzug verdienen. Aber auch diese vier Merkmale zusammen vermitteln nur allgemeine und unbestimmte Orientierungen. Es sind Wegweiser ohne Entfernungsangabe. Ein sicherer und berechenbarer Maßstab für eindeutige gerechte Lösungen von Einzelfragen läßt sich daraus nicht ableiten. Sie gleichen unseren Generalklauseln, die von den Sprachsoziologen und Linguisten zutreffend als Leerformeln bezeichnet werden.

Das Kriterium Rechtssicherheit erinnert an das Thema von der Unsicherheit des Rechts. Liegt hierin ein Widerspruch? Gibt es doch die Sicherheit des Rechts? Rechtssicherheit ist gemeint als anzustrebendes Organisationsziel der Justiz. Das von den Gerichten verkündete Recht soll im Interesse der rechtsuchenden Bürger vorhersehbar sein. Entscheidungen letzter Instanz sollen Kläger und Beklagte nicht wie ein Hagelschlag richterrechtlich verordneter Willkür treffen. Der Rechtsstaatsgrundsatz gebietet es, das Bedürfnis der Betroffenen nach Rechtssicherheit, d.h. auch nach der Vorhersehbarkeit gerichtlicher Entscheidungen, hoch einzuschätzen[12]. Abweichungen letzter Instanzen von einer gewohnheitsrechtlich verfestigten Rechtsprechung können herbe Verletzungen der Rechtssicherheit und der Individualgerechtigkeit der davon erstmals betroffenen Prozeßparteien sein.

Es zeigt sich: Materiale Gerechtigkeit und prozessual organisierte Rechtsverwirklichung können in ein Spannungsverhältnis geraten. Das wird zum Konflikt am Beispiel eines inhaltlich falschen, aber rechtskräftig gewordenen Urteils. Das falsche Urteil muß unter Umständen von der unterlegenen Partei im Interesse des Rechtsfriedens und der prozeßrechtlich formalisierten Rechtssicherheit endgültig hingenommen werden, obwohl es im Einzelfall extrem ungerecht sein kann. Wieso ist solche Rechtssicherheit ein Teil der Gerechtigkeit? Ist sie nicht ihr Feind?

Der Widerspruch löst sich auf, wenn man den Gerechtigkeitsbegriff nicht auf die gerechte Einzelfallentscheidung verengt. Rechtsstaatlich organisierte Justiz muß, wenn sie funktionsfähig sein soll, mit den verfügbaren Mitteln erreichbare Ziele anstreben. Ihr Instanzenzug, d.h. auch die Zahl der möglichen Rechtsmittel gegen wirklich oder vermeintlich falsche Entscheidungen, ist beschränkt. Gerichtsverfahren müssen irgendwann ein Ende haben. Das ist der Sinn des Instituts der formellen und der materiellen Rechtskraft.

Denn: Geltendes Recht ist in justizstaatlich organisierten Systemen das, was die letzten Instanzen sagen.

---

[12] Unter der Geltung des Grundgesetzes ist von der Gleichrangigkeit von sozialer Gerechtigkeit und Rechtssicherheit auszugehen: BVerfGE 3, 225; , 89 (92); 22, 322; 49, 148 (164); Benda, Handbuch des Verfassungsrechts, 1983, S. 489.

„Können nicht auch höchste Gerichte irren?", hat ein vorwitziger Professor einmal einen Richter am BGH gefragt. „Doch, doch", lautete die Antwort, „wir irren auch manchmal, nicht so häufig wie Professoren, und wenn, dann mit einem entscheidenden Unterschied; Wir irren rechtskräftig!"

Die Antwort berührt einen wichtigen Punkt. Tatsächlich ist es so, daß der allgemeine Rechtsgehorsam gegenüber letztinstanzlichen Entscheidungen eine Grundbedingung des Rechtsstaates und der Demokratie ist. Das bedeutet nicht, daß die höchstrichterliche Rechtsprechung der Rechtskritik entzogen wäre. Im Gegenteil. Sie darf es nicht sein. Aber das ändert nichts an der Rechtskraft der Entscheidungen. Die Kritik dient dazu, der richterrechtlichen Regelungsfreude, gelegentlich auch der Lust an der Regelungsmacht der obersten Gerichte, Schranken aufzuzeigen und so die künftige Entwicklung dieser Rechtsprechung nach den Grundsätzen der Gewaltenteilung und der Demokratie zu domestizieren. Richterrecht ist unser Schicksal. Aber es ist als Mittel der Rechtspolitik an sehr viel engere verfassungsrechtliche und verfassungspolitische Grenzen gebunden, als das manchen Richtern an Gerichten letzter Instanz derzeit bewußt ist. Es ließen sich dafür aus der Literatur eindrückliche Belege anführen.

Besonders interessant sind solche Literaturbeiträge, in denen hohe Richter ihr eigenes Richterrecht oder das ihrer Kollegen kommentieren und sich dabei schulterklopfend bescheinigen, sie hatten Mut zum „Widerstand gegen die Norm" bewiesen oder durch ihre Entscheidungen die richterliche Rechtsfortbildung „in wuchtigen Stößen"(!) vorangetrieben.[13] Sieht man davon ab, daß es sich

---

[13] Th. Dieterich, in: Hermann Stumpf zum 70. Geburtstag, RdA

auch hier um zu spät nachgeholten Widerstand im falschen System handelte, so muß man sich bei solch verfälschtem Selbstverständnis hoher Richter von ihren Aufgaben über manche Fehlentwicklungen der Rechtsfortbildung nicht wundern.

4. Rechtsidee und Recht

Schaut man auf der Suche nach mehr Sicherheit im Recht und mit dem Recht nach festen Anhaltspunkten, so findet man in den Diskussionen der Juristen einen Begriff, der geeignet sein könnte, den archimedischen Punkt zu liefern, in dem die Welt des Rechts fest verankert werden könnte.

Wenn ihre Arbeit besonders schwierig und unsicher wird, berufen sich Juristen regelmäßig auf eine allgemeine (universale) „Rechtsidee". Das findet vorzugsweise in bestimmten historischen Situationen statt. Es sind vor allem zwei Lagen, in denen die Rechtsidee als juristisches Argument Hochkonjunktur gewinnt, nämlich:

1. Nach siegreichen politischen Umwälzungen/Revolutionen, wenn von den neuen Machthabern eine grundlegende Rechtsumbildung oder Rechtserneuerung gefordert wird. Die Ziele dieser Rechtserneuerung werden dann aus der postulierten, mit der Umwälzung als maßgeblich deklarierten Rechtsidee abgeleitet.

2. Wenn aus überstaatlichen, vorrangigen Gerechtigkeitspostulaten der geltenden staatlichen Gesetzesordnung der Gehorsam verweigert werden soll. Das bewuß-

---

1982, 329 (330). Dieterich war Richter am BVerfG (1987–1994) und Präsident des BAG (1994–1999).

III. Gesetzessprache und Systemgerechtigkeit

te Handeln gegen das Gesetz, die Auslegung contra legem, der sogenannte kalkulierte Regelverstoß, der „zivile Ungehorsam" und der proklamierte Widerstand gegen das Gesetz werden häufig unter Berufung auf eine übergeordnete Rechtsidee, die unverrückbaren Gerechtigkeitsvorstellungen oder das – wie immer begründete und gedeutete – Naturrecht ausgeübt.

Für die Argumentationen mit der Rechtsidee bieten die Gegenwart und die jüngere Vergangenheit vielfältige Belege. Von der NS-Zeit über die Studentenrevolte der 68er und die Jugendunruhen bis zu den Hausbesetzungen ist der Alltag der Zeitgeschichte voll von einschlägigen Beispielen.

Kennzeichnend für die rechtspolitische Rolle der Rechtsidee ist es, daß nach politischen Systemwechseln in der Regel eine Flut juristischer Beiträge entsteht, in denen neue Rechtsideen, neue Rechtsgrundwerte und neue Rechtsideale dargelegt werden. Die juristische Literatur in Deutschland nach 1919, 1933 und nach 1945 liest sich bisweilen wie ein Wettbewerb um den Entwurf der jeweils passenden neuen Rechtsideale für das jeweils neu etablierte System.[14]

Nicht selten sind solche Entwürfe zugleich mit entsprechenden Leitsätzen, Handreichungen oder Ratschlägen für die Gerichte versehen,[15] wie die neuen vor- und überpositiven Grundsätze des Rechts auch unter der

---

[14] Für die Zeit nach 1933 vgl. etwa Rüthers, Entartetes Recht, 1988, S. 23 ff.; ders., Die unbegrenzte Auslegung, 3. Aufl., 1988, S. 117 ff.

[15] Vgl. G. Dahm, K.A. Eckhardt, R. Höhn, P. Ritterbuch, W. Siebert, DRW I (1936), 123; vorher schon C. Schmitt, Neue Leitsätze für die Rechtspraxis, JW 1933, 2793, in DR 1933, 201 unter dem Titel: Fünf Leitsätze für die Rechtspraxis.

Weitergeltung überkommener Gesetzesvorschriften in die Alltagspraxis der Justiz umgesetzt werden können. Solche richterlichen Rechtsfortbildungs- und Rechtsumbildungsstrategien unter der Anleitung einer ebenso progressiven wie beflissenen Jurisprudenz können beachtliche historische Erfolgsbilanzen aufweisen.

Eines wird deutlich: Die Juristen und auch die Bürger, die gegen das Gesetz handeln und es ändern wollen, suchen dafür Halt und Rechtfertigung bei der Rechtsidee. Die Rechtsidee wird zur Waffe gegen das geltende Gesetz. Im Konsens des Rechtsbewußtseins der staatlichen Normallage genügt das Gesetz. In der Ausnahmelage grundlegender Divergenzen über die Grundwerte und Kernziele der Rechtsordnung wird die Rechtsidee beschworen.

Ihre Vertreter verstehen sie als eine „allgemeine" (universale) Idee. Ihr wird eine für das ganze Recht konstitutive, sinnbegründende Funktion zugemessen. Sie wird als das „konkret-allgemeine, also inhaltlich erfüllte Sinnapriori allen Rechts" als „gewußter Inhalt des objektiven Geistes", umschrieben[16]. In funktionaler Hinsicht ist sie der *(fiktiven)* „Grundnorm" in der „Reinen Rechtslehre" Hans Kelsens vergleichbar[17].

---

[16] Larenz, Methodenlehre der Rechtswissenschaft, 2. Aufl., 1969, S. 176 mit Fn. 1, 315, 318; vgl. auch Henkel, Einführung in die Rechtsphilosophie, 2. Aufl. 1977, § 31, S. 389 ff. Bei Larenz ist in späteren Auflagen mit dem nicht begründeten Rückzug der konkret-allgemeinen Begriffe aus seinem Methodenverständnis auch die Bezugnahme auf die Rechtsidee und den objektiven Geist stark reduziert worden. Zwischen dem objektiven Geist einerseits sowie der Rechtslehre andererseits deuten sich bereits in der literarischen Behandlung des Problems starke Verknüpfungen an.

[17] H. Kelsen, Reine Rechtslehre (1934), 2. Aufl., 1960, S. 199 ff.

III. Gesetzessprache und Systemgerechtigkeit

In der rechtstheoretischen Literatur wird die Rechtsidee meistens ohne Rücksicht auf ihre reale *rechtspolitische* Funktion und ohne methodische Zweifel „als ein einheitlicher Bezugspunkt der Prinzipien" des Rechts umschrieben und auf zwei „Endzwecke" des Rechts ausgerichtet gesehen, nämlich den „Rechtsfrieden" und die „Gerechtigkeit"[18]. In diesen Formulierungen deutet sich eine im Schrifttum häufig anzutreffende Auswechselbarkeit der Begriffe Rechtsidee, Naturrecht und Gerechtigkeit an[19]. Immer wieder muß von der einschlägigen Literatur allerdings die Offenheit und Zeitgebundenheit der Merkmale eingeräumt werden, welche die Inhalte der Rechtsidee kennzeichnen sollen. Wichtig ist die Feststellung: *Die Rechtsidee* ist in der historischen Erfahrung ein wandelbarer Begriff, so wandelbar wie die Gerechtigkeit. Ihr Inhalt wird – wie der der Gerechtigkeit – von vielen interessen-, von wert- oder weltanschauungsbezogenen Vorurteilen bestimmt.

In pluralen Gesellschaften ohne eine für alle Bürger verbindliche, totalitäre Staatsideologie existieren die Begriffe Rechtsidee und Gerechtigkeit nicht im Singular, sondern im Plural. Wir leben in einer Konkurrenzlage sehr verschiedener Rechtsideologien und Gerechtigkeitsvorstellungen.

Die Verwendung des Singulars (*die* Rechtsidee, *die* Gerechtigkeit) deutet in aller Regel den Anspruch des

---

[18] Larenz, Richtiges Recht, 1979, S. 33 ff. Nach Henkel (Einführung in die Rechtsphilosophie, 2. Aufl. 1977, S. 390) bestimmen drei Grundtendenzen die Rechtsidee: Gerechtigkeit, Zweckmäßigkeit, Rechtssicherheit.

[19] Vgl. auch Coing, Grundzüge der Rechtsphilosophie, 3. Aufl., 1977, S. 207, 219; Bydlinski, Juristische Methodenlehre und Rechtsbegriff, 1982, S. 290 ff.

Verwenders an, den Inhalt zentraler überpositiver Rechtsprinzipien mit selbsternannter Autorität und Kompetenz allein zu definieren. Gerade das aber verstößt gegen die Grundprinzipien eines liberalen und demokratischen Rechtsstaates.

Ähnliche rechtspolitische Funktionen, wie bei der „Idee des Rechts", lassen sich bei einigen benachbarten juristischen Argumentationsmustern beobachten. Aufmerksamkeit verdienen etwa juristische Begründungen aus dem *Geist* der Rechtsordnung, aus dem *Geist* des Gesetzes, aus dem der *Einheit* der Verfassung, aus der *Natur* oder/und dem *Wesen* einer Sache u.ä. Dabei ist zu bedenken: Wenn der Geist des Rechts oder des Gesetzes oder gar der objektive Geist beschworen wird, dann erscheint, wenn überhaupt, allenfalls der Geist des Beschwörers. Denn er projiziert und impliziert Vorverständnisse in die Rechtsordnung hinein und zaubert sie als deren objektiven Geist wieder hervor.

Wo die Natur einer Sache oder das Wesen einer Rechtsfigur dazu benutzt werden sollen, Rechtsfolgen zu begründen, handelt es sich immer darum, daß der Interpret der Sache oder der Rechtsfigur zuvor einen bestimmten Sinn zugeordnet hat[20]. Subjektive oder kollektive Vorverständnisse und Sinndeutungen werden als objektive, gleichsam wissenschaftlich fundierte Evidenzen ausgegeben[21]. Rational begründete Rechtsgewißheit ist von solchen Argumentationsweisen nicht zu erwarten. Die Juristen können hier von *Ludwig Wittgenstein* lernen.

---

[20] „Die Idee ist selbst nicht schöpferisch. Sie bekommt den Stoff des Begehrens geliefert", formuliert es Stammler, Lehrbuch der Rechtsphilosophie, 3. Aufl., 1928, S. 182.
[21] W. Scheuerle, Das Wesen des Wesens, AcP 1963, 431; R. Dreier, Zum Begriff der Natur der Sache, 1965.

Dieser hat in seiner sprachanalytischen Philosophie die These aufgestellt: „Wovon man nicht sprechen kann, darüber muß man schweigen[22]."

Auf unsere Situation bei der Begründung von Normen und Entscheidungen übersetzt, heißt das: Wenn wir eine gesetzliche oder dogmatische Begründung nicht haben, sondern nur eine rechtspolitische, voluntative, so müssen wir das zugeben. Scheinargumente sind Verstöße gegen die wissenschaftliche Redlichkeit.

Der Verzicht auf Scheinargumente wäre zugleich ein Beitrag der Juristen zum Kampf „gegen die Verhexung unseres Verstandes durch die Mittel unserer Sprache"[23].

Das Thema „Rechtsidee und Recht" oder auch „Geist und Idee der Rechtsordnung" hängt eng zusammen, ist vielleicht sogar nicht nur teilweise identisch, mit dem Thema „Zeitgeist und Recht"[24]. Unser Handwerk ist bei nüchterner Betrachtung dem jeweiligen *Zeit*geist mindestens so zugetan und ergeben wie dem objektiven oder dem *Welt*geist. Besonders die verschiedenen Zeitgeister des 20. Jahrhunderts und ihre Einflüsse auf die europäischen Rechtsordnungen sind für eine realistische Betrachtungsweise der Unsicherheit und Wandelbarkeit rechtswissenschaftlicher Erkenntnisse unverzichtbar.

Die Sprache, Erkenntnismittel, Denkinstrument und Handwerksgerät ist unsicher und voller Fallstricke. Die Gerechtigkeit ist ein scheues Wild. Wir suchen sie, ohne sie voll fassen zu können. Die Rechtsidee, der Geist der

---

[22] L. Wittgenstein, Tractatus-Logico-philosophicus 7, in: Schriften, Band 1, Frankfurt 1960.
[23] L. Wittgenstein, Philosophische Untersuchungen, § 109, in: Schriften, Band 1, Frankfurt 1960, S. 342.
[24] Siehe hierzu die gleichnamige Schrift von Th. Würtenberger, 1987, insbes. S. 144 ff., sowie B. Rüthers, ZRP 1988, 283 ff.

Rechtsordnung erweisen sich als weltanschaulich-ideologisch gefärbte, verfärbte Begriffe. Sehr beschränkte Rechtssicherheit verbürgt schließlich nur die Instanzenhierarchie mit Einschluß der Rechtskraft höchstrichterlicher Irrtümer. Sehr tröstlich und frohgemut stimmt das, nimmt man alles zusammen, zunächst nicht.

Aber es bezeichnet wichtige Elemente der Wirklichkeit unseres Handwerks. Und „Existenz ist die erste aller Eigenschaften", sagt *Matthias Claudius* im Abschiedsbrief an seinen Sohn Johannes. Wir haben uns dieser Realität zu stellen. Wir müssen den Weg gehen auf die Jagd nach der Gerechtigkeit, um es mit *Platon* zu sagen. Auf dem zweiten Blick ist unser juristischer Arbeitsrahmen vielleicht etwas weniger finster und ausweglos. Wenn wir die genannten Gefahren und Versuchungen ernst nehmen, können wir ihnen besser begegnen. Wir sind dann von dem, was wir verkünden, selbst etwas weniger naiv und weniger unerschütterlich überzeugt. Wir wissen, daß wir uns aus vielen Gründen immer auf dem letzten Stand des möglichen Irrtums bewegen. Wir werden bemüht sein, das Sagbare klar darzustellen und das Unsagbare oder Unbegründbare nicht mit Leerformeln und Scheinbegründungen zu vernebeln.

Auch die Unsicherheit und Pluralität von Gerechtigkeitsvorstellungen ist kein Grund zur Betrübnis oder Verzweiflung. Eindeutige Aussagen über *die* zeitlose Gerechtigkeit liegen eben nicht im Möglichkeitsbereich staatlicher Gerichte. Hier sind bei der Masse der Rechtssuchenden die Erwartungen falsch programmiert. Die staatliche Justiz ist kein Gourmetrestaurant für himmlische Gerechtigkeitsgenüsse. Recht und Gerichte sind auf eine sehr wandelbare, widersprüchliche, irrtumsbefangene, vorläufige und unzulängliche Erhaltungsordnung ausgerichtet. Die Rechtsgeschichte ist maßgeblich geprägt von Unrechtserfahrungen. Sie darf im Kern als *Unrechtsgeschichte* verstanden und bezeichnet werden, aus der wir lernen können. Die Juristen können sich nur bemühen, das gröbste Unrecht zu verhindern oder einzugrenzen. Ewige Gerechtigkeit zu verwirklichen ist allenfalls die Sache eines anderen, des Jüngsten Gerichts.

Unsicherheiten in Sachen Recht und Gerechtigkeit sollten die Juristen zu maßvoller Bescheidenheit und Verhältnismäßigkeit in der Rechtsanwendung, vielleicht mehr noch in der Rechtsfortbildung mahnen. Vielleicht ist es so oder kann es doch so sein, daß die erkannte Unsicherheit des Rechts unsere Sensibilität schärft für die berufsspezifischen Gefahren und Versuchungen. Vielleicht sind unsichere Juristen, die sich ihres Ungenügens bewußt sind und ihr Handwerk mit schlechtem Gewissen verrichten, für die Rechtsgemeinschaft erträglicher als Juristen mit ungebrochener, naiver Selbstsicherheit. Sie sollten die Unsicherheit des Rechts nicht verbergen, wenn sie ihren Mitbürgern vermeidbare Enttäuschungen ersparen wollen. Die eigene juristische Unsicherheit ist eine *Vorgegebenheit*, das Wissen darum ist eine *Vorbedingung* sachgerechten Dienstes am Recht.

IV. Gesetzesauslegung, Interpretation und Verantwortung[*]

Die Verbindung der Begriffe Interpretation und Verantwortung ist für manche Textarten auf den ersten Blick ungewöhnlich. Literarische Texte etwa gewinnen ihren Reiz oft gerade durch die schier unbegrenzte Freiheit von Interpretationsmöglichkeiten; man denke nur an vielfach variationsfähige Darbietungen klassischer Theaterstücke oder an die kennzeichnende Offenheit lyrischer Texte für verschiedenste Deutungsmöglichkeiten.

Andererseits ist unverkennbar, daß menschliche Gesellschaften auch mit den Mitteln der Sprache umgestaltet werden. Texte, Wörter, Begriffe und Definitionen sind potentielle Waffen. Ihr strategisch geplanter Einsatz ist – in verschiedensten Disziplinen – geeignet, die Lebensbedingungen der Menschen zum Guten wie zum Bösen zu verändern.

Wenn die These richtig ist, daß die Konstruktion und die Interpretation von Begriffen und Texten dem Einsatz

---

[*] Vom Verfasser sind zu diesem Themenkreis erschienen: Die unbegrenzte Auslegung – Zum Wandel der Privatrechtsordnung im Nationalsozialismus, 1. Aufl., 1968, 4. Aufl., Heidelberg 1991; Wir denken die Rechtsbegriffe um ... – Weltanschauung als Auslegungsprinzip, Zürich 1987; Entartetes Recht – Rechtslehren und Kronjuristen im Dritten Reich, 2. Aufl., München 1989; Rechtsordnung und Wertordnung – Zur Ethik und Ideologie im Recht, Konstanz 1986; Carl Schmitt im Dritten Reich, 2. Aufl. München 1990.

geistiger Waffen vergleichbar sind, dann liegt die Verknüpfung der Begriffe Interpretation und Verantwortung nahe. Wer wird dem verantwortungsneutralen, also verantwortungs*losen* Umgang mit geistigen Waffen das Wort reden wollen?

Ich betrachte unser Thema naturgemäß aus dem Blickwinkel meiner Disziplin, des Juristen also. Die Juristen haben über lange Epochen hin die Fragen der Hermeneutik so behandelt, als lebten sie in einer Welt „an sich" oder mindestens potentiell klarer Texte. Der überzeugte Gesetzespositivist ging vertrauensvoll davon aus, der weise Gesetzgeber habe – bei genauem Hinsehen – alles geregelt. Es galt über Jahrzehnte hin das Dogma von der „Lückenlosigkeit" der gesetzlichen Rechtsordnung. Die „Kunst der Gesetzesauslegung" bestand darin, für jeden Rechtsfall, der zu entscheiden war, die vermeintlich eindeutige und „objektive" Antwort der gesetzlichen Rechtsordnung „aufzufinden". Rechts*findung* nannte man das.

Was gefunden werden soll, muß aber voraussetzungsgemäß bereits vorhanden sein. Noch etwas anderes war auffällig: Die Juristen betrieben ihre Gesetzesauslegung über Jahrhunderte hin, als seien sie allein mit ihren Problemen der Interpretation von (Gesetzes-)Texten. Was um sie herum in anderen Textwissenschaften geschah, nahmen sie entweder gar nicht zur Kenntnis oder sie hielten dort gefundenen hermeneutischen Einsichten für disziplinfremd, auf juristische Auslegungsprobleme nicht übertragbar. Die verschiedenen Textwissenschaften lebten so weitgehend aneinander vorbei. Der Vorwurf der disziplinären Beschränktheit trifft nicht nur für Juristen zu.

Demgegenüber gilt die banale Einsicht: Hermeneutische Probleme sind disziplinübergreifend. Viele Wissenschaftsdisziplinen haben einen oder sogar den Schwerpunkt ihrer Aufgaben in der Produktion oder Interpretation von Texten. Ich zähle dazu – ohne jeden Versuch der Vollständigkeit – etwa die Fächer Theologie, Philosophie, Geschichte, Sprachwissenschaft, Literaturwissenschaft, Rechtswissenschaft, Politikwissenschaft und Soziologie. In diesen Disziplinen kann – hermeneutisch gesehen – jeder von anderen lernen. Das zeigt die Entwicklung der letzten Jahrzehnte.

Texte haben in den verschiedenen Disziplinen unterschiedliche Funktionen. Die Interpretation eines Textes wird in der Regel (auch) von seiner Funktion her bestimmt. Ein Märchen wird anders gelesen, interpretiert und als Text „eingesetzt" als etwa die Satzung eines Vereins oder die Hausordnung eines Mietshauses. Ungeachtet der scheinbar einfachen Beispiele ist die Funktion/Interpretation eines Textes oft schwer bestimmbar. Dann taucht sofort die Frage auf: Wer soll die Definitionskompetenz für den „eigentlichen Sinn", die „Funktion", die „Botschaft" eines Textes haben? Interpretationsfragen sind immer auch Machtfragen, juristisch gesehen also „materiale" Verfassungsfragen.

Das Thema betrifft damit zugleich die Verantwortung der Juristen für das, was sie in den verschiedenen politischen Systemen als Diener der von der Staatsmacht erlassenen Gesetze mit ihren Interpretationen des „geltenden Rechts" bewirken oder anrichten. Dazu ist ein Hinweis erforderlich, der generell die Verantwortung für Interpretationen betrifft. Verantwortung setzt Freiheit voraus. Nur wenn der Interpret zwischen mehreren Deutungsmöglichkeiten ohne – wie immer gearteten – Druck oder gar Zwang wählen kann, ist ihm die gewählte Deutung als verantwortete Entscheidung moralisch zurechenbar. Dieser Feststellung gilt für Interpretationen in *allen* Textwissenschaften. In der Jurisprudenz (in Theorie und Praxis) ist die Auslegung „geltenden Rechts" nicht der Phantasie der einzelnen Juristen überlassen. Die Juristen sind – wo immer sie tätig sind – in allen politischen Systemen an „Gesetz und Recht" gebunden. Das schränkt ihre Entscheidungsfreiheit bei der Wahl von Auslegungsmöglichkeiten erheblich ein – oder es sollte sie einschränken. Andererseits läßt sich die Disziplingeschichte der Jurisprudenz als eine Abfolge mehr oder weniger „unbegrenzter Auslegungen" erzählen.

Der mächtigste Druck oder Zwang auf juristische Interpretationen geht vom jeweiligen Zeitgeist aus. Auch das ist wohl eine gemeinsame Erfahrung aller Textwissenschaften.

Die Anstöße für neue Forschungen auf dem riesigen und zerklüfteten Problemfeld der „Interpretation" waren in den verschiedenen Textwissenschaften ganz unterschiedlich. Die Theologie hatte sich mit der formgeschichtlichen Bibelauslegung auseinanderzusetzen. Die Philosophie begann, angeregt durch sprachphilosophische Forschungen, über den Zusammenhang und die Grenzen von Sprache und Erkenntnis, Wahrheit und Methode nachzudenken.

Die Sprach- und Literaturwissenschaft entdeckte die Vielfalt, ja Beliebigkeit von möglichen Textverständnissen in der Differenz der Entstehungs- und der Lese-Situation von Texten. Die Juristen in Mitteleuropa, vorab die deutschen Juristen, wurden mit einem Prozeß mehrfacher politischer Systemwechsel konfrontiert, der ihr herkömmliches Wissenschaftsverständnis – Jurisprudenz als Hort der Stabilisierung überkommener gesetzlicher Werteordnungen – auf den Kopf stellte.

1. Systemwechsel als Interpretationsproblem

Auf deutschem Boden hat es in dem knappen Zeitraum zwischen 1910 und 1990 – also in einem halben Jahrhundert – fünf verschiedene verfassungsrechtliche Systeme gegeben. Die neuen Regimes mußten, da sie außerstande waren, jeweils eigene umfassende neue Rechtsordnungen zu erlassen, große Teile der überkommenen Gesetzesordnungen ihrer Vorgängersysteme übernehmen und in Kraft lassen. Die alten Gesetze wurden im Lichte des neuen Staates angewendet. Das bedeutete für die jeweils tätige Juristengeneration die Aufgabe, das überkommene Recht nach der Maßgabe weniger, von der neuen „Systemphilosophie" (Verfassungsideologie) vorgegebener Leitprinzipien umzudeuten. Manche deutschen Juristen waren an mehreren Auslegungsstrategien an zwei oder gar drei verschiedenen Verfassungsepochen beteiligt.[1]

Im Blick auf den primär methodisch-funktional ausgerichteten Ansatz lasse ich die berufsethischen Probleme und die aus diesen Vorgängen zu ziehenden Konsequenzen zunächst bewußt beiseite. Die angedeuteten mehrfachen Systemwechsel haben ein bisher nur ansatzweise entdecktes und systematisch gesichtetes Anschauungs- und Erfahrungsmaterial zur Umdeutung von Rechtsordnungen anwachsen lassen. Die deutschen Juristengenerationen dieser Epoche sind gleichsam die ungewollten Weltmeister in den Disziplinen „Theorie und Praxis politischer Systemwechsel" geworden. Diese Betrachtungsweise erscheint zunächst als zynisch; sie hat gleichwohl für die Juristen aller Länder potentielle Alltagsaktualität. Die daraus ableitbaren allgemeinen rechts-

---

[1] Vgl. Fritz Hartung, Jurist unter vier Reichen, Köln 1971.

methodischen (hermeneutischen) und rechtstheoretischen Einsichten haben generelle Bedeutung.
Es geht vordergründig um folgende Fragen:
- Wie kann man unterschiedliche, oft gegensätzliche politische Systeme aus einer überkommenen, weitgehend unverändert erhaltenen Gesetzesordnung (Bürgerliches Recht, Handelsrecht, Strafrecht, Prozeßrecht) mit einer jeweils systemkonformen Rechtsprechung versorgen?
- Welche juristischen „Auslegungs"-Instrumente lassen bei solchen Umdeutungsprozessen welche Wirkungen erwarten?
- Welche rechtsstaatlichen Vorkehrungen gegen interpretative Rechtsperversionen sind denkbar?

Was ging im Nationalsozialismus wirklich – theoretisch und praktisch – vor? Welche Rolle haben Rechtswissenschaft und Justiz im Unrechtsstaat gespielt? War diese Rechtsentwicklung ein Beweis für die oft unterstellte endogene faschistische Tendenz im Kapitalismus? Gibt es Parallelen zwischen der Rechtsentwicklung im Nationalsozialismus und nach 1945 in der Bundesrepublik Deutschland bzw. in der DDR? Kann die Rechtsentwicklung bis 1945 ein politisches Argument (Kampfinstrument) für gegenwärtige innen- oder außenpolitische Streitfragen sein?

Meine Bemühungen gelten also primär den gegenwärtigen Aufgaben der Jurisprudenz, um herauszustellen, welche rechtstheoretischen und rechtspraktischen Lehren wir aus der unbestrittenen und nachweisbaren Rechtsperversion im NS-Staat und im SED-Staat für Gegenwart und Zukunft ziehen können oder müssen. Es handelt sich um ein generelles, nicht primär historisches, rechtsphilosophisches und rechtsmethodisches Problem.

1. Systemwechsel als Interpretationsproblem

Jede Gesetzesordnung, ja jede einzelne Rechtsnorm ist auf eine spezielle gesellschaftliche und politische Situation zugeschnitten. Sie will bestimmte vom Gesetzgeber gesehene und bedachte Problemfälle möglichst eindeutig und dauerhaft regeln. Wegen des ständigen Wandels der Gesellschaft ändert sich auch die regelungsbedürftige Materie. Sobald ein Gesetz in Kraft tritt, bildet sich sofort eine Kluft zwischen diesem und der Realität, zwischen Norm und Normsituation. Diese Kluft zwischen dem „alten" Gesetz und der „neuen" Wirklichkeit wächst ständig durch den Wandel aller sozialen und politischen Strukturen. Justiz und Jurisprudenz sehen sich deshalb laufend vor die Aufgabe gestellt, die entstandene Kluft immer wieder aufs neue zu überbrücken: Welche Bedeutung hat das überkommene Gesetz für die neuentstandene Wirklichkeit? Wie hätte der Gesetzgeber diese Konflikte – hätte er sie gekannt – zu seiner Zeit gelöst? Wie würde er sie heute regeln?

Bei einer radikalen Umwälzung der Verfassungsstruktur und der politischen Wertvorstellungen, wie wir sie in Deutschland 1918/1919, 1933, 1945/1949 und 1989/90 erlebt haben, stellen sich diese Fragen in beispielhafter, ja extremer Schärfe. Der jeweils neue zuständige Gesetzgeber muß nach einer Umwälzung aus seiner Sicht der neuen Ordnung und der neuen Werte auf einen Streich die gesamte Gesetzesordnung ändern. Er kann dieser qualitativ und quantitativ anspruchsvollen Aufgabe aber immer nur unvollständig und nur dann gerecht werden, wenn er sich ausreichend Zeit dazu nimmt. Die Hauptlast der Anpassung der Rechtsordnung im Sinne einer jeden „Rechtserneuerung" liegt deshalb in der Regel bei der Rechtswissenschaft und -praxis. Sie deuten die überkommenen Gesetze im Lichte des neu etablierten politischen Systems um oder verwerfen sie unter Berufung auf „übergesetzliches" Recht.

Auch der NS-Staat war 1933 außerstande, binnen kurzer Frist eine komplette nationalsozialistische Gesetzesordnung zu errichten. Zudem waren die NS-Führer extrem rechtsfeindlich eingestellt; sie verachteten Justiz und Juristen. An juristischen Fragen waren sie nur insoweit interessiert, als sie der Erhaltung und Ausweitung ihrer Macht dienten. Umfassende gesetzliche Neuregelungen waren (nur) deshalb eher die Ausnahme in bestimmten, besonders normierungsbedürftigen Rechtsgebieten (etwa im Strafrecht, Wirtschaftsrecht und Steuerrecht).

Die Forderung nach einer „völkischen Rechtserneuerung" aus dem Geist des Nationalsozialismus wurde folgerichtig primär von der Rechtswissenschaft und der von ihr angeleiteten Gerichtspraxis erfüllt – insgesamt sehr zur Zufriedenheit der Machthaber. Die geltenden Gesetze sollten mit neuem Inhalt erfüllt, mindestens aber neu aus gelegt werden.

Der Nationalsozialismus hatte keine einheitliche systemspezifische Rechtslehre oder Auslegungsmethode. Die rechtstheoretische Literatur nach 1933 liest sich aus heutiger Sicht wie ein Wettbewerb der Rechtswissenschaft zur bestmöglichen Durchführung der geforderten rassisch-völkischen Rechtserneuerung als rechtspolitisches Ziel des Nationalsozialismus.

Die Umdeutung der aus der Weimarer Republik überkommenen Gesetzesordnung im Nationalsozialismus ist nur ein besonders krasses Beispiel für die totale Umwertung einer Rechtsordnung nach einem Umbruch des politischen Systems. Meine These lautet: Die Ausnahmelage der Rechtsperversion in einem totalitären Unrechtssystem deckt die Grundlagen des Rechts, der Justiz und der Rechtswissenschaft auf. Es besteht ein genereller und unlösbarer Zusammenhang zwischen Rechtsordnung und Wertordnung, zwischen Recht und Ideologie, zwischen Rechtstheorie und politischem System. Diese Erkenntnis kann vor allem gegenwärtigen und künftigen Rechtsmißbrauch verhindern helfen – nicht nur „Bewältigung der Vergangenheit" sein.

2. Das juristische Instrumentarium der „völkischen Rechtserneuerung"

Die rechtstheoretische Literatur nach 1933 machte verschiedene Vorschläge, wie die Umwertung der überkommenen Gesetzesordnung auf die neuen rechtspolitischen Maßstäbe und Ziele des totalitären Staates bewirkt werden sollte, nämlich durch:
– eine neue Rechtsidee,
– eine neue Rechtsquellenlehre,
– neue Auslegungsmethoden und
– neue juristische Grundbegriffe und Denkmethoden.
Juristen fragen sich seit jeher: Was ist „Recht"? Die überwiegende Auffassung geht heute dahin, daß es ein Recht vor allen staatlichen Gesetzen gebe (Art. 1 und Art. 20 Abs. 3 GG: „Gesetz und Recht"). Der Begriff „Rechtsidee" setzt einen Dualismus von staatlichem Gesetz und vorstaatlichem Recht voraus. Die Rechtsidee stellt dann den Inbegriff der zentralen Gerechtigkeitsvorstellungen einer Rechtsordnung, einer Rechtsgemeinschaft dar. Heute würde man diese Gerechtigkeitsvorstellungen vielleicht als „Grundwerte" bezeichnen.

IV. Gesetzesauslegung, Interpretation und Verantwortung

Gleich nach der Machtergreifung 1933 verkündeten zahlreiche der damaligen Autoren „die neue Rechtsidee": „Der Nationalsozialismus hat in Deutschland eine neue, die spezifisch deutsche Rechtsidee zur Geltung gebracht ... völkisch und blutsmäßig bedingt[2]." „Die Vorschriften des Bürgerlichen Gesetzbuchs bestehen noch, aber sie erhalten durch die ‚zentrale Rechtsidee' der siegreichen Bewegung eine neue Zielsetzung[3]." „Man erkennt die Einheit eines solchen neuen Rechtsbewußtseins an einer doppelten Wirkung. Es erschließt neue Rechtsquellen, und es erschafft neue Rechtsideale[4]." „Die alles durchdringende Einheit des neuen Rechtsdenkens liefert auch die alles beherrschende Auslegungsregel ...[5]" „Du bist nichts, dein Volk ist alles" und „Gemeinnutz geht vor Eigennutz[6]."

Im Sinne dieser neuen Rechtsidee(n) mußte das gesamte deutsche Recht vom „Geist des Nationalsozialismus"[7] beherrscht sein, der vor allem in der „auf Artgleichheit begründeten Ordnung des Volkes"[8] gesehen wurde. „Von

---

[2] K. Larenz, Deutsche Rechtserneuerung und Rechtsphilosophie, Tübingen 1934, S. 38.

[3] H. Stoll, Die nationale Revolution und das bürgerliche Recht, DJZ 1933, Sp. 1229 (1231).

[4] Erik Wolf, Das Rechtsideal des nationalsozialistischen Staates, ARSP 28 (1934/35), 348.

[5] C. Schmitt, Der Weg des deutschen Juristen, DJZ 1934, Sp. 691 (696).

[6] H. Lange, Vom alten zum neuen Schuldrecht, Hamburg 1934, S. 34.

[7] C. Schmitt, Nationalsozialismus und Rechtsstaat, JW 1934, 713 (717).

[8] C. Schmitt, Nationalsozialismus und Rechtsstaat, JW 1934, 713 (717).

seiner Idee her bestimmen sich alle einzelnen Rechtsideale[9]."

Mit der Proklamation dieser neuen Rechtsidee war der erste Schritt zur völligen Umdeutung der überkommenen Gesetze und der gesamten Rechtsordnung getan.

Die Lehre von den Rechtsquellen legt fest, wo Richter das anzuwendende, für sie verbindliche Recht zu finden haben. Herkömmliche Rechtsquellen sind: Verfassung, Gesetze, Rechtsverordnungen, Satzungen und Gewohnheitsrecht.

Diese traditionellen Rechtsquellen standen der Forderung nach einer völkischen Rechtserneuerung im Sinne des NS-Staates im Wege; sie konnten ihr jedenfalls nicht ausreichend dienen. Die nationalsozialistische Revolution berief sich daher – wie viele andere Revolutionen vor ihr – auf den Dualismus von Recht und Gesetz, von Geist und Buchstaben. Strenge Gesetzestreue wurde als leerer, formaler Normativismus und Positivismus diffamiert. Die Gesetze sollten ihre zentrale Bedeutung für Recht und Rechtsanwendung verlieren. Das völkische Rechtsdenken „beläßt vor allem das Gesetz nicht in seiner isolierten Stellung, sondern stellt es in den Gesamtzusammenhang einer Ordnung hinein, deren Grundgedanken übergesetzlicher Natur ... sind"[10].

Neben die herkömmliche Gesetzesordnung traten vor allem vier neue konkurrierende Rechtsquellen. So wurde der Führerwille für verbindlich erklärt, da dem „erwählten, gottgesandten Führer die Gnade vorbehalten war, den Volksgeist von Angesicht zu Angesicht zu schau-

---

[9] Erik Wolf, Der Methodenstreit in der Strafrechtslehre und seine Überwindung, DRW IV (1939), 168 (177).
[10] K. Larenz, Über Gegenstand und Methode des völkischen Rechtsdenkens, Berlin 1938, S. 33.

en[11]." „Adolf Hitler ist Führer und Verkünder der neuen Rangordnung und damit der neue Gesetzgeber[12]." „Der Führer schützt das Recht vor dem schlimmsten Mißbrauch, wenn er im Augenblick der Gefahr kraft seines Führertums als oberster Gerichtsherr unmittelbar Recht schafft(!)[13]."

In ähnlicher Weise wurden die „nationalsozialistische Weltanschauung" und das „gesunde Volksempfinden" – im Sinne eines rassisch bestimmten Volkstums einer auf „Artgleichheit" (Rassegleichheit) gegründeten Volksgemeinschaft – zu unmittelbaren Rechtsquellen erhoben. Das Parteiprogramm der NSDAP wurde wie ein geltendes Gesetz der Rassenpolitik gelesen und angewendet.

Eine feste Rangfolge der neuen konkurrierenden Rechtsquellen wurde nicht bestimmt. Die praktischen Entscheidungen waren folglich nicht mehr vorhersehbar. Um die eintretende Rechtsunsicherheit zu verteidigen, wurde heftig gegen die Berechenbarkeit des Rechts polemisiert: „Recht ist etwas im Blute Lebendes[14]."

Bis 1933 waren die maßgeblichen theoretischen Grundlagen für die Auslegung von Gesetzen im Gesetzespositivismus und in der sog. Interessenjurisprudenz der Tübinger Schule gesehen worden. Die Interessenjurisprudenz darf insoweit nicht falsch verstanden werden; sie stand auf dem Boden strenger Gesetzestreue. Sie ver-

---

[11] W. Schönfeld, Zur geschichtlichen und weltanschaulichen Grundlegung des Rechts, DRW IV (1939), 201 (215).
[12] H. Schroer, Der königliche Richter, DRiZ 1935, 2.
[13] C. Schmitt, Der Führer schützt das Recht, DJZ 1934, Sp. 945 (946) zu den ersten, von Hitler befohlenen Serienmorden des Regimes am 30. Juni 1934.
[14] Erik Wolf, Richtiges Recht im nationalsozialistischen Staat, Freiburg 1934, S. 3.

wirkliche im Rückgriff auf die Regelungsabsichten des Gesetzgebers die objektiven (normativen) Zwecke des Gesetzes. Nur in Ausnahmefällen, wenn jeder Anhaltspunkt im Gesetz fehlte, sollte der Rechtsanwender auf das Rechtsbewußtsein der Gemeinschaft abstellen dürfen.

Nach der Machtergreifung verfolgte die Rechtswissenschaft mit der Auslegung ein neues Ziel: „Jede Auslegung muß eine Auslegung im nationalsozialistischen Sinne sein[15]."

An die Stelle der *Auslegung* der geltenden Gesetze sollte nun gleichsam die *Einlegung* der NS-Weltanschauung treten, wie sie im Parteiprogramm der NSDAP und in Äußerungen Hitlers Ausdruck gefunden hatte.

Die Rechtswissenschaft machte sich auf die Suche nach neuen Formen und Wegen, diese Forderung zu erfüllen. Es kam zu einem lebhaften Methodenstreit zwischen den Vertretern der Interessenjurisprudenz (Heck) und den Anhängern eines neuen „völkischen" Rechtsdenkens (Larenz, Forsthoff, Siebert). 1933 wurde vom damaligen preußischen Justizminister H. Kerrl in Jüterborg ein Gemeinschaftslager für Justizreferendare eingerichtet, um die „weltanschauliche Grundlage" ihres Wissens zu vertiefen. Zwei Jahre später wurde von dem Berliner Professor K. A. Eckhardt ein Gemeinschaftslager in Kiel-Kitzeberg einberufen (sog, Kitzeberger Lager), um in kameradschaftlicher Zusammenarbeit mit jungen Dozenten und Habilitanden „nach einer klaren Linie in unserem

---

[15] C. Schmitt, Nationalsozialismus und Rechtsstaat, JW 1934, 713 (717).

Kampf um eine neue, von nationalsozialistischem Geist getragene deutsche Rechtswissenschaft zu suchen"[16].

Die „Deutsche Juristenzeitung" wurde mit dem Tag der Machtergreifung zum Sprachrohr der NS-Anhänger in der Rechtswissenschaft. Daneben wurde 1936 eine neue Zeitschrift, die „Deutsche Rechtswissenschaft", gegründet, die der kämpferischen Durchsetzung der NS-Weltanschauung auf allen Rechtsgebieten sowie der Ab- und Ausgrenzung aller Gegner unter den Juristen diente und das 1931 erstmals herausgegebene NS-Blatt „Deutsches Recht" ergänzte.

Die Gerichte verhalfen der nationalsozialistischen Weltanschauung durch entsprechende Anwendung der gesetzlichen Generalklauseln zum Durchbruch. Sie entwickelten daneben und zusätzlich außergesetzliche „Kampfklauseln" (etwa die „Volksgemeinschaft"), um neue Wertungen in die Rechtsordnung einzuführen und geltende Gesetze zu überspielen. Problemfälle wurden mit Hilfe der neugeschaffenen Rechtsquellen gelöst. Zudem nahmen die staatlichen Instanzen durch schriftliche Anleitungen („Neue Leitsätze für die Rechtspraxis", „Über Stellung und Aufgabe des Richters", „Richterbriefe"), Gemeinschaftsveranstaltungen, „Kundgebungen", Beförderungspraxis und Entfernung von politischen Gegnern aus dem Dienst sehr wirksamen Einfluß auf die Rechtsprechung.

Die rechtswissenschaftliche Lösung für die Durchsetzung der nationalsozialistischen Weltanschauung („Rechtserneuerung") nach 1933 hieß „institutionelles Rechtsdenken"[17]. Dieser juristische Hilfsbegriff wird

---

[16] K.A. Eckhardt, Zum Geleit, DRW I (1936), S. 3.
[17] Dazu Rüthers, Wir denken die Rechsbegriffe um ... – Welt-

immer dann herangezogen, wenn Problemfälle gesetzlich nicht, nur unvollständig oder aus der Sicht des Rechtsanwenders unbefriedigend geregelt sind. Er knüpft an reale soziale Erscheinungsbilder (wie Familie, Eigentum, Tarifautonomie, Arbeitskampf, „freie Presse", Beamtentum u. ä.) an. Diese „Institutionen" werden grundsätzlich als vor- oder außerpositive Gebilde verstanden, als eine gegenüber dem staatlichen Gesetz selbständige (Vor-)Gegebenheit. Sie werden gedacht als sich fortentwickelnde Bestandteile eines sinnvollen Gemeinwesens, die auf einen übergeordneten „organischen", d. h. weltanschaulichen Zusammenhang ausgerichtet sind. Gerechtigkeit, Volksgeist, Rechtsidee, objektiver Geist, Sittenordnung können solche Bezugsgrößen sein. Aus diesem ganzheitlichen Zusammenhang können für einzelne, neu auftretende oder sich ändernde „Institutionen" Rechtsfolgen abgeleitet werden. Eine solche *interpretative* Umwertung der bisher gültigen materialen Inhalte der Rechtsordnung bietet die Möglichkeit, die jeweils gewünschten – gesetzlich aber nicht festgelegten – Rechtsfolgen zu begründen. Das institutionelle Rechtsdenken ist folglich ein Umwertungsinstrument.

In der NS-Zeit gab es zwei teilweise parallel verlaufende und sich überschneidende Ansätze des institutionellen Rechtsdenkens: „konkretes Ordnungsdenken" (C. Schmitt) und Denken in „konkret-allgemeinen Begriffen" (K. Larenz).

Die Lehre vom konkreten Ordnungsdenken verkündete den Vorrang der konkreten Lebensordnung vor der abstrakt-allgemeinen Rechtsnorm, der Gesetzesordnung

---

anschauung als Auslegungsprinzip, Edition Interfrom, Zürich 1987.

i. S. eines formalistischen Normativismus: „Die Norm der Regel schafft nicht die Ordnung; sie hat vielmehr nur auf dem Boden und im Rahmen einer vorgegebenen Ordnung eine gewisse regulierende Funktion mit einem relativ kleinen Maß in sich selbständigen, von der Sache unabhängigen Geltens[18]."

Die Teilordnungen des konkreten Ordnungsdenkens bekamen ihre „leitende Idee" aus der völkischen Gesamtordnung, aus der Weltanschauung des Nationalsozialismus, aus dem Gedanken der rassischen „Artgleichheit". Das Recht war seinem „Wesen" nach ein unmittelbarer Ausdruck der jeweiligen konkreten Ordnung, der Blutsgemeinschaft des arischen Volkes, nicht eines individuellen Gesetzes. In Wahrheit handelte es sich um Scheinargumente, hinter denen sich außergesetzliche Werturteile verbargen. „Alle diese (neuen) Ordnungen (des NS-Staates) bringen ihr inneres Recht mit sich. ... Unser Streben aber hat die Richtung lebendigen Wachstums auf seiner Seite, und unsere neue Ordnung kommt aus uns selbst[19]." „Gemeinschaften wie Familie und Betrieb haben als Gliederungen der Volksgemeinschaft unmittelbar die Bedeutung *rechtlicher* Ordnungen. ... Sie haben die Kraft, ihnen entgegenstehende abstrakt-allgemeine Gesetzesnormen ... insoweit zurückzudrängen, als ihre besondere Art und völkische Aufgabe das zwingend erfordert[20]." „Wir denken die Rechtsbegriffe um. ... Wir sind auf der Seite der kommenden Dinge[21]."

---

[18] C. Schmitt, Über die drei Arten rechtswissenschaftlichen Denkens, Hamburg 1934, S. 13.
[19] C. Schmitt, Nationalsozialistisches Rechtsdenken, DR 1934, 225 (228).
[20] K. Larenz, Über Gegenstand und Methode des völkischen Rechtsdenkens, 1938; S. 31.

Das konkrete Ordnungsdenken hat rechtsändernde Funktion; es dient der Inhaltsänderung gesetzten Rechts. Es handelt sich folglich nicht um eine Rechtsanwendungslehre, sondern um eine neue Rechtsquelle. Dieses Denken in „konkreten Ordnungen" steht in engem Funktionszusammenhang mit der Entwicklung einer neuen Begriffslehre: Die Rechtsbegriffe sollten nicht mehr „abstrakt" und „allgemein" gebildet, sondern von konkreten Situationen geprägt werden. Die Lehre von den *konkret-allgemeinen Begriffen* geht – in Anlehnung an Hegels Dialektik – von der rechtserzeugenden Funktion der Begriffe aus: „Der Begriff ist das wahrhaft Erste, und die Dinge sind das, was sie sind, durch die Tätigkeit des ihnen innewohnenden und in ihnen sich offenbarenden Begriffs[22]." Der konkret-allgemeine Begriff ist „nicht in sich abgeschlossen, sondern weist – durch die ihm immanente Bewegung – über sich hinaus auf andere Begriffe und auf einen *übergeordneten* Zusammenhang"[23].

Gemeint ist die nationalsozialistische Weltanschauung. Die genaue Erfassung und Definition des Inhalts und der Merkmale der neuen, nebelhaft umschriebenen Begriffsgebilde blieben schwierig: „Die Einheit des konkret-allgemeinen Begriffs ist so nicht die formale Dieselbigkeit, sondern die konkrete Einheit des den Unterschied in sich bewahrenden, gegliederten Ganzen[24]."

---

[21] C. Schmitt, Nationalsozialistisches Rechtsdenken, DR 1934, 225 (229).

[22] G.W.F. Hegel, Sämtliche Werke, Glockner-Ausgabe, §163 Zusatz 2.

[23] K. Larenz, Zur Logik des konkreten Begriffs – Eine Voruntersuchung zur Rechtsphilosophie, DRW V (1940), 279 (294).

[24] K. Larenz, Zur Logik des konkreten Begriffs – Eine Voruntersuchung zur Rechtsphilosophie, DRW V (1940), 279 (285).

IV. Gesetzesauslegung, Interpretation und Verantwortung

Das Denken in konkret-allgemeinen Begriffen diente als Überleitung zur These von der rechtserzeugenden Kraft des „Typus" und der „Typenreihe". Der konkret-allgemeine Begriff und der Typusbegriff sollten die Wirklichkeit nicht beschreiben oder erfassen, sondern *gestalten*. Das Ziel war ein neues, aus den Begriffen entwickeltes, nationalsozialistisches Recht.

Die politisch-polemische Rolle, die den konkret-allgemeinen Begriffen zugedacht war, wird besonders an zwei Grundbegriffen des Rechts deutlich, an denen die inhaltliche Umgestaltung der Rechtsordnung durch die neue Begriffskonstruktion beispielhaft vorgeführt wurde. Im Vordergrund standen literarische Angriffe auf die bis zur Machtergreifung in Rechtsprechung und Literatur unumstrittenen, festgefügten Grundbegriffe Person und Rechtsfähigkeit.

Bis zur Machtergreifung der Nationalsozialisten galt im deutschen Recht der Grundsatz der Einheit von Person und Rechtsfähigkeit[25]. Den Vätern des Bürgerlichen Gesetzbuches von 1900 war die Einheit von Person und Rechtsfähigkeit so selbstverständlich, daß sie in § 1 nur den Beginn der Rechtsfähigkeit regelten. Daß jeder Mensch gleichermaßen rechtsfähig sei, galt als sichere rechtskulturelle Grundlage, als ein Gebot der Vernunft und der Ethik[26].

---

[25] Vgl. etwa F. K v. Savigny, System des heutigen Römischen Rechts, Bd. II, Berlin 1840, S. 2: „Alles Recht ist vorhanden um der sittlichen, jeden einzelnen Menschen inwohnenden Freyheit willen. Darum muß der ursprüngliche Begriff der Person oder des Rechtssubjects zusammenfallen mit dem Begriff des Menschen. ... Jeder einzelne Mensch, und nur der einzelne Mensch, ist rechtsfähig." Ebenso O. v. Gierke, Deutsches Privatrecht, Bd. I, Einleitung, Leipzig 1895, S. 356.
[26] Vgl. etwa Motive zu dem Entwurf eines Bürgerlichen Gesetz-

2. Das juristische Instrumentarium

An diesem Grundsatz der einen und gleichen Rechtsfähigkeit aller Menschen wurde nun gerüttelt. Er stand im Gegensatz zur Rassenideologie des Nationalsozialismus. Es begann mit einer tendenziös verzerrten Darstellung der geistesgeschichtlichen Zusammenhänge jener Entwicklung, die zu dem allgemeinen Bewußtsein geführt hatte, daß „... jeder Mensch nicht nur Person, sondern *Vollperson*" sei und „... daß es im Privatrecht keine Erhöhung oder Minderung der Persönlichkeit mehr gibt"[27]. Es wurde auf den naturrechtlich-individualistischen Kern des überkommenen juristischen Personbegriffs verwiesen, der von Savigny in Anlehnung an Kant geprägt worden sei. Die Historische Rechtsschule, deren Hauptvertreter Savigny war, sei dem Volksgeist im Recht untreu geworden, indem sie die Grundbegriffe des individualistischen Naturrechts – teils in den Denkformen Kants – einfach übernommen habe[28].

So sei es verständlich, daß die traditionellen und herrschenden Begriffe von Person und Rechtsfähigkeit eine Unterscheidung von „Volksgenossen und Fremden", von „Rechtsgenossen und Nicht-Rechtsgenossen" nicht ermöglichten[29]. Für diese propagierte Unterscheidung werden in mißverständlicher Zitierweise auch solche Auto-

---

buches für das Deutsche Reich, Bd. I, S. 25; Protokolle der Kommission für die zweite Lesung des Entwurfs des Bürgerlichen Gesetzbuchs, Bd. VI, S. 106; L. Enneccerus/H.C. Nipperdey, Lehrbuch des bürgerlichen Rechts, Bd. I, Allgemeiner Teil, 13. Aufl., Marburg 1931, § 76 I u. IV.

[27] O.v. Gierke, Deutsches Privatrecht, Bd. I, Leipzig 1895, S. 356.

[28] K. Larenz, Rechtsperson und subjektives Recht – Zur Wandlung der Rechtsgrundbegriffe, in: K. Larenz (Hrsg.), Grundfragen der neuen Rechtswissenschaft, Berlin 1935, S. 225 (227f.).

[29] K. Larenz, a.a.O., S. 229f.

ren als Vertreter einer „Abstufung" der Rechtsfähigkeit in Anspruch genommen, die wie O.v. Gierke die notwendige Einheit und Gleichheit dieser Begriffe für alle Menschen vertraten[30].

Der Angriff auf die prinzipiell gleiche und ungeteilte Rechtsfähigkeit aller Menschen betraf eine zentrale Wertgrundlage der Rechtsordnung, nämlich die elementare Rechtsschutzgarantie der Gleichheit und Würde aller Menschen durch das Gesetz[31].

In der Umgestaltung dieses zentralen Grundbegriffes und seiner Wertgrundlagen sahen die Akteure der völkischen Rechtserneuerung eine ihrer ersten und wichtigsten Aufgaben. Leitstern der neuen Rechtsordnung sollte nicht mehr der abstrakte Personbegriff, sondern der Rechtsgenosse als Glied einer konkreten Gemeinschaft sein: „Entscheidend für die Rechtsstellung des Einzelnen ist nicht mehr sein Personsein überhaupt, sondern sein konkretes Gliedsein ...[32]."

Die Gemeinschaftsabhängigkeit der Rechtsstellung des einzelnen war alsbald das beherrschende Thema der Rechtserneuerung: „Wir kennen dann also keine ‚Rechtsperson an sich' und infolgedessen auch keine ‚Rechte an sich' mehr, wir kennen nur noch Volksgenossen

---

[30] K. Larenz, a.a.O., S. 227 m. Fn. 4.
[31] Vgl. Ernst Wolf/H. Naujoks, Anfang und Ende der Rechtsfähigkeit des Menschen, Frankfurt a.M. 1955, S. 50ff.; H. Westermann, Person und Persönlichkeit als Wert im Zivilrecht, Köln und Opladen 1957, S. 8ff.; kritisch insoweit schon damals H. Lange in seiner Rezension zu K. Larenz, Rechtsperson und subjektives Recht, Berlin 1935, siehe AcP 143 (1937), 105; er verweist darauf, daß die Rechtsfähigkeit jedes Menschen ein Bestandteil des Rechts der Kulturvölker sei.
[32] K. Larenz, Deutsche Rechtserneuerung und Rechtsphilosophie, Tübingen 1934, S. 40.

(Gliedpersönlichkeiten) und konkrete volksgenössische Berechtigungen (Gliedschaftsrechte)[33]." Erläuternd wird hinzugefügt: „Jedenfalls ist der abstrakte Begriff ‚Mensch' oder ‚Rechtsperson' für uns wertlos geworden[34]."

Die ideologische Ausrichtung dieses Gemeinschaftsbezuges wurde klar ausgesprochen: „Für den Aufbau der Gemeinschaft ist im nationalsozialistischen Staat vor allem der *Rassegedanke*, die Einsicht in die blutsmäßige Bedingtheit des Volkstums, bestimmend[35]."

Hier deutet sich eine wichtige Parallele der ideologischen und rechtspolitischen Funktion des konkreten Ordnungsdenkens und der Ausbildung konkret-allgemeiner Begriffsbildung an, auf die Larenz in anderem Zusammenhang selbst hinweist[36].

Es ist die totalitäre Rassen- und Gemeinschaftsideologie des Nationalsozialismus, die über beide Denkfiguren in ähnlicher Weise der Begriffsumdeutung in die Rechtsordnung eingeschleust wird. Alle einzelnen (konkreten) Lebensverhältnisse sollen in ihrer juristischen Beurteilung nach der neuen, nationalsozialistischen Rechtsidee ausgerichtet werden. Ausgangspunkt ist die These: „Der Nationalsozialismus hat in Deutschland eine neue, die spezifisch *deutsche Rechtsidee* zur Geltung gebracht[37]."

---

[33] W. Siebert, Subjektives Recht, konkrete Berechtigung, Pflichtenordnung, DRW I (1936), 23 (28).

[34] W. Siebert, a.a.O., Anm. 1.

[35] K. Larenz, Deutsche Rechtserneuerung und Rechtsphilosophie, Tübingen 1934, S. 39 f.

[36] Vgl. K. Larenz, Über Gegenstand und Methode des völkischen Rechtsdenkens, Berlin 1938, S. 29 ff. u. 43 ff.

[37] K. Larenz, Deutsche Rechtserneuerung und Rechtsphilosophie, Tübingen 1934, S. 38; ähnlich Erik Wolf, Das Rechtsideal des nationalsozialistischen Staates, ARSP 28 (1934/35), 348.

Die Ausrichtung der Rechtsordnung an der Rassenideologie des neuen Staates führte dazu, daß die rassische und völkische „Gliedstellung" des einzelnen zur Voraussetzung der vollen Rechtsfähigkeit erklärt wurde. Diese Auffassung fand weite literarische Verbreitung. Der Gedanke „ständisch gestufter Ehre" des „völkischen Rechtsgenossen" wurde zunächst für das öffentlich-rechtliche Staatsbürgerrecht ausformuliert. Das Staatsbürgerrecht hieß jetzt mit neuem „konkreten" Namen „Rechtsstandschaft": „Rechtsstandschaft also besitzt, wer artgleich ist, ständisch in die Arbeitsfront des schaffenden Volkes eingegliedert ist und die überlieferten Werte oder Güter der Nation achtet[38]."

Die Bedeutung dieser Aussage, die darin liegende Ausgrenzung ganzer Bevölkerungsgruppen aus dem Bürgerrecht, wird deutlich, wenn man den Satz negativ formuliert: Rechtsstandschaft besitzt danach nicht, wer nicht artgleich ist, wer sich nicht ständisch in die Arbeitsfront des schaffenden Volkes eingliedert und wer die überlieferten Werte oder Güter der Nation nicht achtet.

Hier wird also ein Instrument der Aberkennung staatsbürgerlicher Rechte bereitgestellt. Es bekam in der Folgezeit sehr konkrete Bedeutung und Wirksamkeit. Die Beschränkung der „Rechtsstandschaft" auf „Artgleiche" diente objektiv dem Zweck, „rassisch Fremdstämmigen" statt der „Rechtsstandschaft" der (arischen) Vollbürger einen Sonderstatus minderer Qualität zuzuweisen. Er war geknüpft an die Bedingung, daß „... der Volksgast sich den im Gastgebervolk bestehenden Ordnungen fügt, seine Sitten und Gebräuche achtet und sich

---

[38] Erik Wolf, a.a.O., 348 (360).

gegen das Lebensinteresse dieses Volkes in keiner Weise vergeht"[39].

Die Folgerung aus diesem Sonderstatus der Fremdstämmigen und Ausländer sollte später eine furchtbare Realität erlangen: „Dann braucht der alte Stamm des deutschen Rechts die Stürme nicht zu fürchten, die noch kommen mögen, und wird in urwüchsiger Kraft auch dem Geziefer(!) trotzen, das wohl in seiner Rinde nisten, aber das Mark nicht schädigen kann[40]." Die Metapher vom Geziefer wird man in der Rückschau als die juristisch-terminologische Vorwegnahme der „Endlösung" der Judenfrage einordnen müssen. Sicher war die Formulierung des Verfassers nicht von dieser Absicht getragen; er wandte sich später entschieden von den Verirrungen des totalitären NS-Staates ab. Der Satz ist, 1934 geschrieben, ein Zeitzeichen und kennzeichnet die Versuchung juristischer Autoren bei Systemwechseln auf eindrucksvolle Weise.

„Die rassisch-völkische Abstufung der Rechtsstandschaft" blieb nicht auf das öffentliche Recht beschränkt. Die Stellung als Genosse der deutschen Volksordnung sollte an die „Zugehörigkeit zur deutschen Artgemeinschaft" gebunden sein[41]. Die Vorstellungen zur Erneuerung und Umdeutung des Begriffs der volksgenössischen Rechtsstellung und Umdeutung des Begriffs der volksgenössischen Rechtsstellung faßte Larenz in einem Vorschlag zur Neufassung des § 1 BGB zusammen: „*Rechts-*

---

[39] Erik Wolf, a.a.O., 348 (360).
[40] Erik Wolf, a.a.O., 348 (363).
[41] K. Michaelis, Die Überwindung der Begriffe Rechtsfähigkeit und Parteifähigkeit, DRW II (1937), 301 (315).

genosse ist nur, wer Volksgenosse ist; Volksgenosse ist, wer deutschen Blutes ist[42]."

Die gesetzliche Novellierung war aber nicht als *Bedingung,* sondern lediglich als *Bestätigung* der Rechtsänderung gemeint. Der Regelungsvorschlag sollte nur die „abstrakte" Gesetzesnorm an das geltende Recht anpassen. Insoweit ist an die neue nationalsozialistische Rechtsquellenlehre zu erinnern. Das Recht lag danach im Wesen der (artgleichen) Gemeinschaft als einer ihr immanenten Gliederung und konkreten Ordnung[43].

Die Nicht-Artgleichen, also Nicht-Volksgenossen, wurden folgerichtig aus der „Stellung im Recht" ausgeschlossen: *„Wer außerhalb der Volksgemeinschaft steht, steht auch nicht im Recht, ist nicht Rechtsgenosse.* Allerdings kann und wird der Fremde in vielen Beziehungen als Gast dem Rechtsgenossen gleichgestellt werden[44]."

Die rechtswissenschaftliche Eigenleistung, die zu diesen Thesen führte, war vergleichsweise bescheiden. Das Parteiprogramm der NSDAP enthielt die Punkte 4 und 5: „4. Staatsbürger kann nur sein, wer Volksgenosse ist. Volksgenossen kann nur sein, wer deutschen Blutes ist, ohne Rücksichtnahme auf Konfession. Kein Jude kann daher Volksgenosse sein. 5. Wer nicht Staatsbürger ist, soll nur als Gast in Deutschland leben können und muß unter Fremdengesetzgebung stehen[45]."

---

[42] K. Larenz, Rechtsperson und subjektives Recht – Zur Wandlung der Rechtsgrundbegriffe, in: K. Larenz (Hrsg.), Grundfragen der neuen Rechtswissenschaft, Berlin 1935, S. 225 (241).
[43] K. Larenz, a.a.O., S. 239.
[44] K. Larenz, a.a.O., S. 241.
[45] Vgl. W. Hofer, Der Nationalsozialismus, Dokumente 1933–1945, Frankfurt a.M. 1957 (jetzt in überarbeiteter Neuausgabe 1982), S. 28.

Der Vorschlag von Larenz folgte dem Punkt 4 des Parteiprogramms der NSDAP bis in den Wortlaut hinein. In den Parallelen der juristischen Literatur zum Parteiprogramm erweist sich die Wirksamkeit der Lehre, daß dieses Programm als eine Rechtsquelle anzusehen sei. Am Beispiel der Rechtsfähigkeit hat Larenz den „Reichtum" der konkret-allgemeinen Begriffsbildung erläutert. Von der umfassenden Rechtsfähigkeit des Vollgenossen (Reichsbürgers) unterscheidet sich danach vor allem die geminderte des ‚werdenden Vollgenossen', die des nicht der politischen Gemeinschaft angehörigen (staatsfremden), aber nicht artfremden Ausländers und endlich die des Rassefremden[46]."

Als dies 1940 geschrieben wurde, hatten sich die geminderte Rechtsfähigkeit und Rechtsstellung, vor allem auch der geminderte Personenschutz der „Rassefremden" in den Programen seit dem 9. November 1938 deutlich und für jedermann sichtbar erwiesen. Das hier dargestellte Beispiel der rassisch und völkisch gegliederten Rechtsstellung wurde als Musterfall der „Logik" und des „Inhalts" konkret-allgemeiner Begriffskonstruktionen in der damaligen Literatur immer wieder angeführt[47]. Die Intensität der Rechtsminderung, die für Angehörige anderer Rassen oder für wirkliche oder vermeintliche politische Gegner aus der „völkisch gegliederten Rechtsfähigkeit" nach dieser Begriffslogik abgeleitet wurde, richtete sich nach dem jeweiligen Stand der rassenpolitischen Absichten der NS-Führung. Dafür gab es elasti-

---

[46] K. Larenz, Zur Logik des konkreten Begriffs – Eine Voruntersuchung zur Rechtsphilosophie, DRW V (1940), 279 (289).

[47] Vgl. etwa K. Larenz, Gemeinschaft und Rechtsstellung, DRW I (1936), 31 ff.; K. Michaelis, Die Überwindung der Begriffe Rechtsfähigkeit und Parteifähigkeit, DRW II (1937), 301 (315).

sche Formeln: „Für das völkische Rechtsdenken ist die Rechtsfähigkeit dagegen gegliedert. Es macht für ihren Inhalt und damit für die Rechtsstellung der Persönlichkeit einen wesentlichen Unterschied aus, ob jemand Rassegenosse oder Rassefremder, ferner innerhalb der Rechtsfähigkeit des Volksgenossen, ob er Reichsbürger, werdender Reichsbürger oder in seiner persönlichen Rechtsstellung, z.B. durch Ehrverlust, gemindert ist. ... Rassefremden ist das ‚Connubium'[48] versagt, was gleichfalls eine Minderung ihrer Rechtsfähigkeit bedeutet[49]."

Andere Autoren schlugen vor, jede öffentliche Bekundung einer Verachtung der geschichtlichen, kulturellen[50] und religiösen Werte des Volkes außer mit der Kriminalstrafe mit dem Ausschluß von allen öffentlichen Ämtern und Funktionen im Sinne einer Minderung der „Rechtsstandschaft" zu ahnden[51]. Auch das Eigentum an einem „Erbhof" wurde als eine solche öffentliche, zu entziehende Funktion verstanden.

Für die „konkrete" Rechtsfähigkeit war die sog. volksgenössische Ehre eine entscheidende Voraussetzung: „Letzten Endes bedeutet *jede Ehrenstrafe eine Beein-*

---

[48] Lies: Die Ehefähigkeit; vgl. dazu das sogen. „Gesetz zum Schutze des deutschen Blutes und der deutschen Ehre" (Blutschutzgesetz) v. 15. 9. 1935, RGBl. I 1146, das in § 1 „... Staatsangehörigen deutschen und artverwandten Blutes ..." die Eheschließung mit Juden (einschließlich Personen, die einen jüdischen Großelternteil hatten) verbot.
[49] K. Larenz, Über Gegenstand und Methode des völkischen Rechtsdenkens, Berlin 1938, S. 52.
[50] Lies: auch weltanschaulichen.
[51] Erik Wolf, Das Rechtsideal des nationalsozialistischen Staates, ARSP 28 (1934/35), 348 (361).

trächtigung *des Rechtsgenosse-Seins des Volksgenossen* und damit der Rechtsfähigkeit[52]."

Die gleiche zivilrechtliche Rechtsfähigkeit des § 1 BGB wurde so von ihrer historischen und normativen Grundlage abgelöst. Konkret-allgemein umgestaltet, wurde der Begriff ganz in den Dienst der totalitären Staatsidee gestellt. Allerdings erwies sich die traditionelle Auffassung, daß jeder Mensch rechtsfähig sei, wie sie in § 1 BGB ausgedrückt ist, zunächst noch als Schranke für eine totale Entrechtung der Juden. Auch die Vertreter der völkischen Rechtserneuerung sprachen den „Rassefremden" nicht schlechthin die Rechtsfähigkeit und damit das Mensch- und Person-Sein ab[53].

Die Rechtsprechung des Reichsgerichts, angeleitet durch die völkisch-rassische Abstufung der Rechtsfähigkeit in der juristischen Literatur der NS-Zeit, hat später auch diese Schranke niedergelegt[54]. Das Reichsgericht führte aus, seit der Machtübernahme sei der „Befugniskreis" der einzelnen Rechtsgenossen *rassemäßig* bedingt.

---

[52] K. Larenz, Rechtsperson und subjektives Recht – Zur Wandlung der Rechtsgrundbegriffe, in: K. Larenz (Hrsg.), Grundfragen der neuen Rechtswissenschaft, Berlin 1935, S. 225 (243); vgl. ders., Gemeinschaft und Rechtsstellung, DRW I (1936), 31 (33 m. Fn. 1); W. Siebert, Subjektives Recht, konkrete Berechtigung, Pflichtenordnung, DRW I (1936), 23 (28).

[53] K. Larenz, Rechtsperson und subjektives Recht – Zur Wandlung der Rechtsgrundbegriffe, in: K. Larenz (Hrsg.), Grundfragen der neuen Rechtswissenschaft, Berlin 1935, S. 225 (241); ders., Gemeinschaft und Rechtsstellung, DRW I (1936), 31 f.; ders., Über Gegenstand und Methode des völkischen Rechtsdenkens, Berlin 1938, S. 52; ders., Zur Logik des konkreten Begriffs – Eine Voruntersuchung zur Rechtsphilosophie, DRW V (1940), 279 (289).

[54] RG, Urt. v. 27. 6. 1936, Seuff Arch. 91 (1937), 65; vgl. zuerst KG, Urt. v. 17. 11. 1933, JW 1933, 2918.

IV. Gesetzesauslegung, Interpretation und Verantwortung

Der nationalsozialistischen Weltanschauung entspreche es, nur Deutschstämmige und gesetzlich Gleichgestellte als vollberechtigte Bürger zu behandeln. Damit wurden Vorstellungen des früheren Fremdenrechts wieder aufgenommen. Früher habe man Personen voller Rechtsfähigkeit, minderen Rechts und auch die völlige Rechtlosigkeit, etwa die Rechtsfigur des „bürgerlichen Todes" oder des „Klostertodes", gekannt. Die gesetzlich angeordnete, rassepolitisch bedingte Änderung in der Geltung der Persönlichkeit (Arbeitsverbot für einen jüdischen Regisseur nach 1933) sei ein den vertraglich geregelten Hinderungsfällen von Krankheit oder Tod vergleichbarer Tatbestand[55]. Die jüdische Abstammung eines Regisseurs wurde also für die Frage der Vertragsstörung einer Krankheit oder seinem Tod gleichgestellt.

Das Beispiel zeigt, in welcher Weise die Lehre von der konkret-allgemein gedeuteten Rechtsfähigkeit als Waffe zur Verdrängung von Juden aus dem Rechtsverkehr und dem Berufsleben eingesetzt werden konnte[56]. Vergleichbare rechtsumgestaltende Begriffskonstruktionen lassen sich in jenen Jahren für nahezu alle Grundbegriffe der Rechtsordnung (Vertrag, Ehe, Sittenwidrigkeit, Arbeitsverhältnis, Miete etc.) nachweisen. Die Beweglichkeit und Offenheit des konkret-allgemeinen Begriffs ermöglichen eine Rechtsänderung durch Begriffsänderung, eine Rechtserneuerung durch Begriffserneuerung.

Die Kategorien des konkreten Ordnungsdenkens und des konkret-allgemeinen Begriffs haben in ihren Auswirkungen auffällige Gemeinsamkeiten:

---

[55] RG, Urteil v. 27.6.1936, Seuff Arch 91 (1937), 65 (68).
[56] Vgl. zum Ganzen B. Rüthers, Die unbegrenzte Auslegung – Zum Wandel der Privatrechtsordnung im Nationalsozialismus, 2. Aufl., Frankfurt a. M. 1973, S. 216 ff., 255 ff.

- Offenheit zur gewandelten Realität (Typus und Typenreihe);
- Offenheit gegenüber den jeweils herrschenden oder „kommenden" Wertvorstellungen;
- Ersatz für den untätigen oder verspäteten Gesetzgeber;
- Irrationalität und Unberechenbarkeit der konkreten Inhalte und Ergebnisse von Entscheidungen sowie
- Rechtfertigung beliebiger realer Machtlagen und Wertvorstellungen auch gegen das bestehende Gesetz.

Das institutionelle Rechtsdenken spielt noch heute in vielen Rechtsgebieten, etwa im Gesellschafts- und Arbeitsrecht, insbesondere auch im Verfassungsrecht, eine bedeutende Rolle. Es lebt in einer Reihe von juristischen Denkformen und Argumenten fort, die im Rahmen der gegenwärtigen Rechtsanwendung und Rechtsfortbildung, d. h. zur interpretativen Normsetzung, verwendet werden: Natur der Sache, „Wesen" eines Erscheinungsbildes (zum Beispiel Ehe, Personengesellschaft, Arbeitsverhältnis, Tarifautonomie), Einrichtungs- und Kernbereichsgarantie (Art. 5 Abs. 1 „Pressefreiheit" und Art. 9 Abs. 3 GG „Tarifautonomie"), „Einheit" bzw. „Geist" der Verfassung oder der Rechtsordnung. Diese Terminologie deutet regelmäßig getarnte Rechtspolitik der Anwender unter dem Gewand der Auslegung an.

V. Richterrecht und Rechtssicherheit

Begriffe wie „richterliche Rechtsfortbildung", „schöpferische Rechtsfindung" und „Richterrecht als Rechtsquelle" sind für Juristen aller Teilbereiche der Rechtsordnung[1] seit langem zu einem Dauerthema geworden. Die unsicheren Grenzen zwischen Rechtsanwendung, Rechtsfortbildung und Richterrecht berühren die Grundfragen des Rechts, der Justiz und der Rechtswissenschaft: Notwendige Bedingung der Gerechtigkeit und elementarer Bestandteil rechtsstaatlich verstandener Justizgarantie ist die Rechtssicherheit. Richterliche Rechtsfortbildung ist aber zeitlich unvorhersehbar und inhaltlich unberechenbar; mit der Unvorhersehbarkeit des Rechts geht die Rechtssicherheit verloren. Ohne Gesetzesbindung und Gewaltentrennung sind Demokratie und Rechtsstaat undenkbar (Art. 20 Abs. 3, 97 Abs. 1 GG). Ein ausuferndes Richterrecht stellt, auf längere Sicht gesehen, die politische Neutralität der Justiz und die Unabhängigkeit der Richter in Frage.

Diese Spannungen und Widersprüche werden dann besonders deutlich, wenn sich selbst die obersten Gerichte nicht einig sind, was im – gesetzlich nicht geregelten – Einzelfall Rechtens sein soll. So stufte etwa das Bundesarbeitsgericht Sozialplanansprüche im Konkurs ranghö-

---

[1] Etwa BGHZ 26, 349 (Herrenreiter); BGH NJW 1965, 685 und BVerfGE 34, 269, 287 (Soraya).

her als die Konkursforderungen nach § 61 Abs. 1 Nr. 1 KO[2] ein, um später vom Bundesverfassungsgericht zu erfahren, daß diese Entscheidung verfassungswidrig gewesen sei, da es an einer durch Rechtsprechung zu füllenden Regelungslücke gefehlt habe[3].

Andererseits rechnete das Gesetz über den Sozialplan im Konkurs- und Vergleichsverfahren vom 20. Februar 1985 Sozialplanabfindungen den Konkursforderungen i. S. v. § 61 Abs. 1 Nr. 1 KO zu[4]. In einem anderen Fall bestätigte das Bundesarbeitsgericht anstaltsfremden Gewerkschaftsmitgliedern ein koalitionsrechtliches Zugangsrecht zu kirchlichen Anstalten, um dort Beschäftigte gewerkschaftlich zu informieren und neue Mitglieder zu werben[5], während das Bundesverfassungsgericht darin einen Verstoß gegen die Kirchenautonomie erblickte[6]. Wie kann es zu solch gegensätzlicher Rechtsprechung kommen; wo sind die Grenzen richterlicher Normsetzung?

1. Die Grenzen der gesetzten Rechtsordnung

Die verfassungsmäßigen Instrumente der Gestaltung und Steuerung gesellschaftlicher und politischer Prozesse in wesentlichen Fragen sind grundsätzlich die Gesetze. Hat die Gesetzgebung einen gesellschaftlichen Sachverhalt als systemrelevante und regelungsbedürftige Fallgruppe erkannt, so beschreibt sie (meist) den zugrun-

---

[2] BAG AP Nr. 6, 10 zu § 112 BetrVG.
[3] BVerGE 65, 182.
[4] BGBl. I, 369.
[5] BAG AP Nr. 26 zu Art. 9 GG.
[6] BVerfG AP Nr. 9 zu Art. 140 GG.

de liegenden generell-abstrakten Tatbestand, bewertet diesen und ordnet ihm eine Rechtsfolge zu. Der Rechtsnorm liegt der politische Gestaltungswille der gesetzgebenden Instanz zugrunde; dieser legt den maßgeblichen *Normzweck*, den Kernpunkt jeder Auslegung und Rechtsanwendung, fest. Dieser „politische", auf einem konkreten, historisch bedingten Gestaltungswillen beruhende Entstehungsprozeß einer jeden Vorschrift deckt gleichzeitig die Grenzen ihrer normativen Reichweite (Verbindlichkeit) auf: Nicht erfaßt sein können solche Problemlagen, die als solche (noch) nicht bestanden oder erkannt waren.

Die Rechtsnorm kann keine Lösung für jeden denkbaren konkreten Einzelfall bieten. Die Gesetzgebung kann den Stand der Dinge nur zum Zeitpunkt der Regelung beurteilen. Ein Gesetz ist immer gegenstandsbezogen, generell-abstrakt, zeit- und situationsbedingt.

Für die konkrete Rechtsfindung scheint das Lesen des Gesetzestextes („Akt des Lesens")[7] wesentlich bedeutsamer zu sein als das Formulieren und Niederschreiben („Akt des Schreibens"). Das erste Wort hat zwar der Gesetzgeber, das letzte Wort bei der Rechtsverwirklichung liegt jedoch bei den Gerichten, den Richtern letzter Instanz[8]. Sie müssen die Regelungslücken der Gesetze schließen. Hierbei sind die sog. primären Lücken, die schon bei Inkrafttreten eines Gesetzes vorhanden sind, von geringerem Interesse. Solche Lücken entstehen, wenn der Gesetzgeber wegen der Vielfalt und Komplexität denkbarer Einzelfragen eine oder mehrere Fallgruppen

---

[7] W. Iser, Der Akt des Lesens, München 1976.
[8] O. Bülow, Gesetz und Richteramt, Leipzig 1885; R. Ogorek, Richterkönig oder Subsumtionsautomat, Frankfurt a. M. 1986.

1. Die Grenzen der gesetzten Rechtsordnung

übersieht oder eine Problemlage zwar als regelungsbedürftig erkennt, die Lösung aber bewußt der Rechtsanwendung überläßt.

Von großer praktischer Bedeutung sind die „sekundären" Regelungslücken. Sie bilden sich durch gewandelte Verhältnisse, nachdem eine Norm in Kraft getreten ist. Der rasante Wandel der Gesellschaft führt ständig zu neuen Sachverhalten und Interessenkonflikten. Damit ändert sich die regelungsbedürftige Materie. Sobald ein Gesetz in Kraft tritt, bildet sich in der Regel unvermeidbar ein Spannungsverhältnis zwischen diesem Gesetz als Gestaltungsmaßstab und der Wirklichkeit, die gestaltet werden soll. Norm und Normsituation fallen auseinander. Justiz und Jurisprudenz sehen sich vor allem in Lebensbereichen, die durch starke Entwicklungsdynamik gekennzeichnet sind, ständig vor die Aufgabe gestellt, die entstehende Kluft zwischen Norm und Normsituation, zwischen Gesetz und Leben zu überbrücken.

Hier bietet sich als ein eindrucksvolles Beispiel das Arbeitsrecht[9] an: Ein Arbeitsgesetzbuch existiert trotz mehrerer Anläufe in der Bundesrepublik bis heute nicht. Der Gesetzgeber reagiert auf die rasante Fortentwicklung der sozialen Strukturen des Arbeitslebens nur zögernd, oft gar nicht. Der Rechtsprechung bleibt keine andere Wahl, als die Stelle des „Ersatzgesetzgebers" für die neuen Grundsatzfragen anhand von Einzelfällen zu übernehmen, um solche „Flächenlücken" zu schließen.

Lücken dieser Art werden nicht selten durch bewußte Untätigkeit des Gesetzgebers, des Parlamentes und der

---

[9] Vgl. P. Lerche, Koalitionsfreiheit und Richterrecht, NJW 1987, 2465.

Regierung verursacht. Sie sind regelungsunwillig, oft auch regelungsunfähig. Die politische Gestaltungskraft einer Regierungsmehrheit im Parlament ist begrenzt. Sie muß auf die engen Schranken ihrer Kompromißfähigkeit, ihrer Stabilität und ihres Stehvermögens in innenpolitischen Konflikten mit mächtigen Interessenverbänden Rücksicht nehmen.

Zum einen ist die Regierung auf Anerkennung und Unterstützung ihrer Wählerschaft angewiesen. Wenn sie in den kommenden Wahlen erfolgreich sein will, darf sie die Interessen ihrer Wähler nicht außer acht lassen. Dies gilt insbesondere dann, wenn eine Partei nur mit Hilfe der Stimmen eines wohlwollenden Interessenverbandes oder jedenfalls nicht gegen ihn sich Erfolge ausrechnen kann. Zum anderen müssen die Koalitionsparteien zu einem Konsens untereinander finden. Schon diese Schwierigkeit kann ein unüberwindbares Hindernis für gesetzliche Regelungswünsche bedeuten. Als Beispiel für die relative Ohnmacht von Regierung und Parlament drängt sich die 1970 eingesetzte Arbeitsgesetzbuch-Kommmission auf. Die damalige Regierung hatte erklärt, daß ein sozialer Rechtsstaat die gesetzliche Kodifizierung des Arbeitsrechts verlange. Nachdem die Kommission 1977 den Entwurf eines Arbeitsvertragsgesetzes vorgelegt hatte, wurde ihr 1978 eine Arbeitspause verordnet. In der Regierungskoalition war fraglich geworden, ob sie zur Frage des Arbeitsverhältnisrechts überhaupt zu einem kleinsten gemeinsamen Nenner finden könne. 1981 teilte der Bundesminister für Arbeit und Sozialordnung mit, daß er sich entschlossen habe, die Kommission aufzulösen. So endete der bei ihrer Einrichtung vom Bundeskanzler verkündete „Verfassungsauftrag". Er scheiterte am Widerstand der Arbeitgeber und den Gewerkschaften aus gegensätzlichen Motiven. Drei nachfolgenden Entwürfen ging es bis heute ebenso.

2. Die Notwendigkeit richterlicher Rechtsfortbildung

Sekundäre Gesetzeslücken sind unvermeidbar. Der Gesetzgeber ist nur beschränkt leistungsfähig, er hinkt immer und notwendigerweise dem sozialen Wandel hinterher. Er kann technologische, ökonomische und allgemeine gesellschaftliche Veränderungen der Lebenswirklichkeit nicht voraussehen. Wer gestaltet dieses Spannungsfeld? Wer darf das lückenhafte Gesetz ergänzen, auf die Realität hin „fortbilden"? Neben dem Gesetzgeber erläßt die Exekutive, soweit ein Gesetz sie dazu ermächtigt hat, Verordnungen und Verwaltungsrichtlinien. Die kollektivrechtliche Autonomie ermöglicht bestimmten sozialen Gruppen, ihre Angelegenheiten, etwa in Tarifverträgen und Betriebsvereinbarungen, eigenverantwortlich zu regeln.

Alle diese Hoheitsakte und sozialautonomen Regelungen unterliegen aufgrund der Rechtswegegarantie des Art. 19 Abs. 4 GG der gerichtlichen Nachprüfbarkeit. Ein Rechtswegestaat wie die Bundesrepublik Deutschland verlangt die gerichtliche Kontrolle jeglicher Art von „Rechtsfortbildung" durch letzte Gerichtsinstanzen bis hin zum Bundesverfassungsgericht. Im Hinblick auf den sozialen Wandel und die dadurch entstandenen Regelungslücken bedeutet dies, daß Richterrecht „unser Schicksal"[10] ist. Richterliche Rechtsfortbildung im Sinne

---
[10] F. Gamillscheg, AcP 164, 385 (445).

einer Ersatzgesetzgebung für den unvollständigen oder untätigen ordentlichen Gesetzgeber ist unvermeidbar. Sie ist notwendiger Bestandteil eines umfassenden Rechtsschutzes. Ein Fortbildungs- und Lückenfüllungsverbot, wie es in den Naturrechtsgesetzbüchern, dem Preußischen Allgemeinen Landrecht Friedrichs II. von 1794 und dem Code Napoleon von 1804, vorgesehen war, ist nach heutigem Verständnis von den Aufgaben der Gerichte ausgeschlossen. Was der Gesetzgeber nicht regelt oder nicht regeln kann, müssen im Streitfall die angerufenen Gerichte entscheiden[11].

Die wichtigste Rolle kommt dabei den Entscheidungen der letzten Instanzen zu. Diese Entscheidungen sind weit mehr system- als einzelfallbezogen. Die höchste Gerichtsinstanz entscheidet zwar auch den konkreten Einzelfall, daneben und vor allem aber das Regelungsprinzip für die diesem Rechtsstreit zugrundeliegende abstrakte Fallgruppe. Vom konkreten Fall ausgehend, sucht das Gericht zunächst einen generellen Falltypus und legt eine bestimmte Fallgruppe fest. Diese muß in eine widerspruchsfreie Beziehung zu vergleichbaren Gruppen, zu anderen Teilen und dem gesamten System der Rechtsordnung gebracht werden, um eine dauerhafte und systemverträgliche Regelung des Gesamtkomplexes entwickeln zu können. Vor diesem Hintergrund wird die Lösung für den speziellen Streitfall gesucht.

Richterliche Rechtsfortbildung hat erhebliche funktionale Nachteile. Sie bewirkt mangelnde Rechtssicherheit. Für die Mitglieder der Rechtsgemeinschaft, insbesondere für die zunächst betroffenen Parteien eines

---

[11] Vgl. etwa O.R. Kissel, Justiz zwischen Anspruch und Wirklichkeit, DRiZ 1987, 301 (304).

2. Die Notwendigkeit richterlicher Rechtsfortbildung 121

Rechtsstreits, ist die Entscheidung nicht vorhersehbar („Hagelschlageffekt"). Richterrecht wird mit gegenüber der Gesetzgebung minderer demokratischer Legitimation und Verantwortlichkeit der „Ersatzgesetzgeber" entwickelt.

Die Gefahren sind insbesondere im Bereich des Arbeitsrechts deutlich zu verfolgen. Die Arbeitsgerichtsbarkeit hat den Sozialschutz der Arbeitnehmer – am Parlament vorbei – erheblich verstärkt. So hat es Mitbestimmungsrechte über das Betriebsverfassungsgesetz hinaus erweitert[12], den Kündigungsschutz von Langzeiterkrankten[13] und an häufigen Kurzerkrankungen leidenden Arbeitnehmern[14] verstärkt, Urlaub auch bei ganzjähriger Krankheit gewährt[15] sowie den Weiterbeschäftigungsanspruch entgegen dem Wortlaut des § 102 BetrVG erheblich ausgeweitet[16]. Sozialschutz kann aber nur dort den Arbeitnehmern zugute kommen, wo die Kosten systemverträglich finanzierbar sind. In Anbetracht dauerhafter Massenarbeitslosigkeit in Millionenhöhe hat das Bundesarbeitsgericht in vielen Bereichen eine Umverteilung der im Arbeitsleben entstehenden Risiken und Kosten vorgenommen, um den sozialen Frieden zu wahren. Geschmälerte Beschäftigungschancen für Arbeitslose waren und sind das unausweichliche Nebenprodukt dieser Rechtsprechung[17].

---

[12] BAG BB 1975, 420.
[13] BAG AP Nr. 6 f. zu § 1 KSchG 1969 Krankheit; BAG DB 1983, 1047.
[14] BAG BB 1983, 1988 f.; BAG NJW 1986, 2392.
[15] BAG BB 1983, 2259.
[16] BAG DB 1986, 1679.
[17] Vgl. dazu B. Rüthers, Die Rache des Gutgemeinten, FAZ

3. Die Grenzen der „Ersatzgesetzgebung"

So taucht die Frage nach Umfang und Grenzen der richterlichen Normsetzungskompetenz auf. Exekutive und Rechtsprechung sind nach Art. 20 Abs. 3 GG an „Gesetz und Recht" gebunden, während Art. 97 Abs. 1 GG bestimmt, daß Richter unabhängig und „nur dem Gesetz" unterworfen sind. Die Verfassung gebietet also einen Regelungsvorrang sowie -vorbehalt des parlamentarischen Gesetzgebers. Gültig erlassene Gesetze sind in jedem Falle strikt zu beachten. Der Richter ist der *Diener* des Gesetzes, also weder sein Herr noch zur rechtspolitischen Kritik oder gar Korrektur des Gesetzgebers berufen. Wo ein eigener rechtspolitischer Gestaltungswille der Richter (wie im Arbeitsrecht nicht selten zu beobachten) über das geltende materielle Gesetz oder zwingendes Verfahrensrecht triumphiert, da wird die Verfassung schwerwiegend verletzt. Richterrecht kann kein Mittel zur „Reform" der Rechts- oder Gesellschaftsordnung sein.

Die richterliche Rechtsfortbildung bewirkt durch den ständigen Wandel der Gesellschaft zwischen Legislative und Judikative ein verfassungsrechtliches und -politisches Spannungsfeld. Dabei zeigt sich, daß Rechtsprechung oft nicht nur dem Gesetz, sondern auch dem Zeitgeist unterworfen sein kann. Das Richterrecht kann insoweit auch als justizpolitische Gefährdung des Rechtsstaates verstanden und als solche gekennzeichnet werden. Gerade deshalb darf es nicht als Instrument zur Umgestaltung der Rechtsordnung in Grundsatzfragen mißver-

---

11. 11. 1989, 15; ders., Vom Sinn und Unsinn des geltenden Kündigungsschutzrechts, NJW 2002, 1601–1608.

standen oder mißbraucht werden; Reform und Neugestaltung sind Sache des Gesetzgebers[18]. Eine präterlegale Usurpation solcher Befugnisse durch die Gerichte ist in Wahrheit eine leider nicht selten zu beobachtende Erscheinungsform „außerparlamentarischer Opposition" in richterlichem Gewand.

4. Die „Fortbildung" des Rechts

Richterliche Rechtsfortbildung erfordert behutsames und systemkonformes Vorgehen. Besondere Vorsicht ist bei der Feststellung einer „planwidrigen"[19] Unvollständigkeit in der Rechtsordnung geboten. Auf *wessen* Plan kommt es an, wenn eine „planwidrige" Lücke festgestellt und geschlossen werden soll? Wird für einen Streitfall eine Lücke angenommen, so bedeutet dieser Lückenbegriff das Nadelöhr, durch das die Rechtspolitik in die Rechtsprechung eindringt. Der Richter wird in der Lücke vom Diener des Gesetzes zum Herrn des Gesetzes. Die Lücke wird leicht zum „Reform- und Korrekturinstrument". Der Richter schwingt sich zum Gesetzgeber auf. Die Behauptung der „Unvollständigkeit" der Rechtsordnung oder des Gesetzes setzt daher einen gesicherten Maßstab für die „Vollständigkeit" voraus. Die Annahme der „Planwidrigkeit" einer fehlenden Regelung (Lücke) setzt eine genaue Kenntnis des Regelungszweckes der Gesetzgebung voraus. Diese Prämissen hat der jeweilige Rechtsanwender, das angerufene Gericht, zu beachten.

---

[18] Das besagt auch die sog. Wesentlichkeitstheorie, BVerfGE 58, 257 (268 ff.).
[19] C. W. Canaris, Feststellung von Lücken im Gesetz, Berlin 1964, S. 16.

Es muß aufgrund eigener Wertungen zu einem – oft kritischen – Urteil über das Gesamtkonzept der Rechtsordnung finden.

In vielen Fällen mag diese Lückenfeststellung keine größeren Schwierigkeiten bereiten, wie z.B. in der Durchsetzung der Gleichberechtigung der Frau (Art. 3 Abs. 2 GG) im Arbeitsleben, wo lange Zeit Ausführungsgesetze fehlten. Daneben sind aber zahlreiche Problemfälle zu bewältigen, etwa die oben angeführte Einordnung von Sozialplananprüchen im Konkurs oder die eigenmächtige Definition des leitenden Angestellten i.S.d. § 5 Abs. 3 Nr. 3 BetrVG durch das Bundesarbeitsgericht, die zunächst auf die (bewußt?) falsche Behauptung einer Regelungslücke[20] gestützt wurde. In beiden Beispielsfällen hat das Bundesarbeitsgericht erkennbare gesetzliche Wertungen verdrängt und eigenwillig einschneidende Veränderungen der qualitativen und quantitativen Gruppenmerkmale vorgenommen. Solche Entscheidungen bedeuten neben der Gesetzesvereitelung eine maximale Unvorhersehbarkeit der Rechtsprechung im Sinne unerträglicher Rechts*un*sicherheit. Nicht selten sind so vom Bundesarbeitsgericht aus *Rechts*fragen in gesetzeswidriger Weise von den Betriebspartnern zu lösende *Regelungs*fragen gemacht worden (betriebliche Abreden über firmenbezogene Kriterien für die Abgrenzung leitender Angestellter). Fehlerhafte Lückenfeststellung kann folglich zur Gesetzesvereitelung führen. Im Ex-

---

[20] BAG DB 1974, 826 (829). Das BAG hat sich 1975 korrigiert (BAG AP Nr. 11 zu § 5 BetrVG). Seither vertritt es die Auffassung, der Begriff des leitenden Angestellten sei zwar ein allgemeiner Rechtsbegriff, allerdings mit einem hohen Maß von Unbestimmtheit.

tremfall kann sie von rechtspolitisch ehrgeizigen Richtern zu diesem Zweck bewußt mißbraucht werden.

Andererseits bedeutet die Feststellung einer Regelungslücke oft bereits den ersten Schritt in Richtung einer bestimmten Lückenausfüllung. Die Rechtsordnung oder eine Rechtsnorm werden als lückenhaft empfunden, weil sie ohne Regelung eines speziellen Problemkreises als in sich widersprüchlich und/oder ungerecht erscheinen. Der soziale Wandel führt nicht nur dazu, daß immer neue Lücken aufgefunden werden. Er gibt auch Anlaß zu vielfältiger Kritik an bestehenden Vorschriften. Er führt zur Erweiterung, Korrektur oder Beseitigung des bisher geltenden Rechts durch den Gesetzgeber oder durch die Rechtsprechung.

Regelungslücken der Rechtsordnung können die Gerichte mit Hilfe verschiedener methodischer und rechtstheoretischer Instrumente schließen. Richterliche Abweichungen von Rechtsnormen können in unterschiedlicher Weise erklärt werden. Im Extremfall kann die komplette Umdeutung einer gültigen Rechtsordnung methodisch scheinbar elegant begründet werden, wie dies das besonders krasse Beispiel der Rechtsperversion im Nationalsozialismus gezeigt hat.

Zum einen kann man sich für Abweichungen vom Gesetz auf eine bestimmte „Rechtsidee" als Summe der in der Rechtsordnung oder Rechtsgemeinschaft gültigen Gerechtigkeitsvorstellungen berufen. Zum anderen werden generalklauselartig formulierte Grundwerte, Grundrechte oder Staatsziele einer Verfassung als Erklärung für bestimmte richterlich präterlegal angeordnete Rechtsfolgen herangezogen.

Daneben sind Modifikationen der Rechtsquellenlehre denkbar. Als Ergänzung oder Ersatz der herkömmlichen

Rechtsquellen werden neue Quellen erschaffen. Auch Generalklauseln wie §§ 242, 138, 315, 826 BGB und unbestimmte Rechtsbegriffe, etwa „billiges Ermessen" oder „wichtiger Grund", sind Einfallstore für richterliche Rechtsfortbildung. Schließlich bieten sich sog. institutionelle Argumente an. Sie knüpfen an reale Erscheinungsbilder (zum Beispiel Ehe, Eigentum, Arbeitskampf o. ä.) an. Diese „Institutionen" werden von manchen Instanzen als vor- oder außerpositive Gebilde verstanden, als eine gegenüber dem gesetzten Recht selbständige normativ verbindliche Gegebenheit. Als sich fortentwickelnde Bestandteile eines sinnvollen Gemeinwesens werden sie in bestimmten Situationen gern auf einen übergeordneten Zusammenhang ausgerichtet. Die „Natur" der Sache oder das „Wesen" einer Einrichtung können solche Bezugsgrößen sein. Aus ihnen können für einzelne, neu auftretende oder sich ändernde Situationen die gewünschten Rechtsfolgen abgeleitet werden. Daher handelt es sich in Wirklichkeit um begrifflich versteckte richterliche Eigenwertungen mit rechtspolitischer (normsetzender) Absicht.[21]

5. Richterrecht als Rechtsquelle?

Heftig umstritten ist die rechtstheoretische und rechtspolitische Einordnung der richterlichen Rechtsfortbildung. Bildet das Richterrecht eine eigene Kategorie von Recht? Dies ist, entgegen noch herrschender Lehre, für alle Teile der Rechtsordnung zu bejahen. Zum einen stellt

---

[21] Vgl. dazu Chr. Fischer, Topoi verdeckter Rechtsfortbildungen im Zivilrecht, Tübingen 2007.

sich die Frage nach dem Verhältnis zwischen sozialer Wirklichkeit und Gesetzestext. Zum anderen hat richterliche Rechtsfortbildung zu zahlreichen neuen Rechtsinstituten geführt. Das Bürgerliche Gesetzbuch regelt beispielsweise im allgemeinen Teil des Schuldrechts nur zwei Rechtsinstitute (Unmöglichkeit und Verzug) als Erscheinungsformen von Leistungsstörungen. Die Bedürfnisse des Rechts- und Wirtschaftsverkehrs haben die Zivilrechtsprechung zur Entwicklung von weiteren vier Institutionen bewogen: positive Forderungsverletzung, culpa in contrahendo, Wegfall oder Veränderung der Geschäftsgrundlage und Verwirkung. Ähnliche quantitative und qualitative Befunde zeigen sich in fast allen Rechtsgebieten.

Kann man dem Richterrecht die Bedeutung einer eigenen Rechtsquelle zumessen? Die Tragweite dieser Frage ergibt sich aus der Gesetzesbindung des Richters, aus dem schon angesprochenen schwierigen Verhältnis von Art. 20 Abs. 3 GG zu Art. 97 Abs. 1 GG. Der Richter soll einmal „an Gesetz und Recht" gebunden, andererseits soll er „unabhängig und nur dem Gesetz unterworfen" sein. Die Rechtsquellenlehre legt fest, was das Grundgesetz unter „Gesetz" versteht, wo der Richter das anzuwendende für ihn verbindliche „Recht" findet. In diesem Sinne sind Rechtsquellen alle Entstehungsgründe verbindlicher Rechtssätze: kein Rechtssatz ohne Angabe der Rechtsquelle.

Die herrschende Meinung versteht unter einer Rechtsquelle zunächst Gesetze im materiellen Sinne, also Verfassung, förmliche Gesetze, Rechtsverordnungen und Satzungen. Daneben gilt das aufgrund langdauernder Übung und allgemeiner Rechtsüberzeugung gebildete Gewohnheitsrecht als verbindlich. Auch kollektive Normenverträge wie Tarifverträge und Betriebsvereinbarungen sind als Rechtsquellen anerkannt.

Im Gegensatz dazu wird dem Richterrecht die Eigenschaft einer Rechtsquelle weitgehend abgesprochen. Als Argument wird ins Feld geführt, daß es an der Verbindlichkeit für den Richter fehle, so daß jedes Gericht jederzeit zu einem abweichenden Urteil in der gleichen Streitfrage finden könne. Auch das Bundesarbeitsgericht lehnt in seinem Aussperrungsurteil vom 10. 6. 1980[22] das Richterrecht als Rechtsquelle ausdrücklich ab, obwohl es sich über die Auswirkungen seiner Entscheidungen in der Gerichtspraxis durchaus im klaren ist. Keine Rechtsquelle sei das sog. Richtergewohnheitsrecht, solange in der Rechtsgemeinschaft und Literatur sachlich vertretbarer Widerspruch vorhanden sei. Dem Gerichtsgebrauch fehle dann nämlich die allgemeine Rechtsüberzeugung als notwendiges Merkmal des verbindlichen Gewohnheitsrechts.

Diese herrschende Rechtsquellenlehre ist jedoch kritisch an der Praxis des Rechtslebens zu messen. Auf allen Rechtsgebieten gibt es zahlreiche Beispiele dafür, daß Richterrecht faktisch normative Realität ist. Dies ist besonders dort der Fall, wo der soziale Wandel auf einen zögernden Gesetzgeber trifft, wie die Zivilrechtsprechung zu §§ 54, 31 BGB und § 50 Abs. 2 ZPO[23] sowie zu §§ 253, 847 BGB[24] zeigt. Bereits die erste höchstrichterliche Entscheidung zu einem gesetzlich nicht gelösten Konfliktfall wirkt quasi normativ, ähnlich wie ein Gesetz vergleichbaren Inhalts.

---

[22] BAG NJW 1980, 1642 (1646).
[23] BGHZ 42, 210 (216); 50, 325 (329).
[24] BGHZ 35, 363 (367); 39, 124 (130).

Diese Behauptung läßt sich besonders eindrucksvoll am Beispiel des Arbeitskampfrechts belegen. Es gibt so gut wie kein gesetzlich geregeltes Arbeitskampfrecht. Als „Ersatzgeber" muß das Bundesarbeitsgericht – vor allem sein Großer Senat – fungieren, flankiert von den anderen obersten Bundesgerichten (Bundesverfassungsgericht, Bundesverwaltungsgericht, Bundesgerichtshof, Bundessozialgericht). Hier hat das Bundesarbeitsgericht drei unterschiedliche Entscheidungen getroffen. Die ursprüngliche „Regelung" durch den Großen Senat von 1955[25] ist mindestens zweimal, nämlich 1971 durch den Großen Senat selbst[26] und 1980 durch den Ersten Senat[27], „novelliert" worden. Das Regelungs-Selbstbewußtsein des Bundesarbeitsgerichts ist dabei ständig gewachsen. In der Entscheidung von 1971 spricht der Große Senat treffend und deutlich vom „gesetzesvertretenden Richterrecht"[28], das er schaffe. Der rechtsschöpfende Charakter seiner Grundsatzentscheidungen ist dem Gericht also sehr bewußt. Es erwägt bei einigen seiner neuen Rechtserkenntnissen sogar Rückwirkungsregeln für die Praxis[29].

6. Die Gefahren des Richterrechts

Die Einbeziehung der Gerichte in den „Kampf um das Recht" bedeutet eine nicht zu übersehende Teilnahme an der Rechtspolitik und folglich tatsächliche Normsetzung durch richterlicher Rechtsfortbildung. Damit birgt das

---

[25] BAG AP Nr. 1 zu Art. 9 GG.
[26] BAG AP Nr. 43 zu Art. 9 GG = BAGE 23, 292.
[27] BAG AP Nr. 65 zu Art. 9 GG.
[28] BAGE 23, 292 (320).
[29] BAGE 26, 215 (228 f.); 24, 177 (194 f.).

Richterrecht Risiken für den Ersatzgesetzgeber. Die Lobbyisten richten ihre Aktivitäten im Arbeitskampfrecht von Berlin nach Kassel. Selbst Minister bleiben nicht untätig. Verdeckte Auftragsschriften tauchen auf, es wird in der juristischen Literatur kaum eine Zeile ohne rechtspolitische Absichten geschrieben. Das Bewußtsein der Betroffenen von der rechtspolitischen Macht der Gerichte ist gewachsen. So hat die Bundesvereinigung der Deutschen Arbeitgeberverbände seit langem einen Sonderausschuß „Arbeitskampfrecht" ins Leben gerufen, und die DGB-Gewerkschaften wie die Arbeitgeber widmen der richterlichen Rechtspolitik zahlreiche Gremien, Institute, Kongresse und Beschlüsse[30].

Gleichzeitig sind die Kritik an der richterlichen Rechtsfortbildung, die Forderungen nach abweichender richterlicher Regelbildung und die Bandagen, mit denen gekämpft wird, zunehmend härter geworden. Als neue Form zu Gestaltung des Richterrechts hat die verbandspolitische, besonders die gewerkschaftliche Strategie der Rechtspolitik u. a. die Massenverfahren entwickelt. Erste Erfolge waren bei der obenerwähnten Abgrenzung der Gruppe der leitenden Angestellten i. S. v. § 5 Abs. 3 Nr. 3 BetrVG zu verzeichnen, wo eine Rechts- in eine Regelungsfrage umfunktioniert wurde. Massenklagen wurden auch nach der Tarifrunde 1978 zur Rechtmäßigkeit von Aussperrungen anläßlich der Arbeitskämpfe der IG Metall sowie IG Druck und Papier erhoben. Durch eine geschickte Prozeßstrategie wurden zahlreiche Arbeits-

---

[30] Dazu z.B. Rüthers, Wer zahlt schafft an, in: FAZ v. 28.4. 2007; zuvor ders., Auf dem Weg zur Tendenzuniversität, in FAZ v. 23.10. 1976; ders., FAZ v. 2.12. 1972, S.17, FAZ v. 15.12. 1979, S. 13; FAZ v. 4.6. 1983, S. 14; ders., Vom politischen Richter zur parteilichen Justiz, in: Der Betrieb 1984 S. 1620 u. 2509.

und Landesarbeitsgerichte zu Entscheidungen veranlaßt. Hier bot sich das Bild einer gespaltenen, ja kontroversen Judikatur, das durch gezielte Jubel- und Prangerpublizistik noch farbig unterstrichen wurde.

Der Rollentausch von Bundesarbeitsgericht und Parlament, von der Rechtsprechung zur Ersatzgesetzgebung, ist fast perfekt. Der damalige IG-Metall-Vorsitzende Eugen Loderer hat das 1973 in der Einleitung seines Referats auf dem Kongreß der IG Metall in München wie folgt ausgedrückt: Die IG Metall sei „nicht mehr bereit, die Entscheidungen des Bundesarbeitsgerichts widerspruchslos hinzunehmen". Das Gericht erhebe sich zum Ersatzgesetzgeber, „um ein sozialkonservatives Gesellschaftsbild durchzusetzen". Trotz aller Kritik: das Richterrecht zum Arbeitskampf funktioniert! Die Tarifparteien haben bisher das jeweils geänderte Arbeitskampfrecht des Bundesarbeitsgerichts, wenn auch laut murrend oder zähneknirschend, akzeptiert und befolgt. Die Gerichte können hier offenbar mehr leisten als der Gesetzgeber.

Angesichts der weitreichenden Auswirkungen von Richterrecht ist der höchstrichterlichen Rechtsprechung bei der Ersatzgesetzgebung äußerste Zurückhaltung anzuraten. Manchmal wird dieser Rat sogar befolgt. So ist das Bundesarbeitsgericht bei der Annahme von Verfassungsgarantien zum Arbeitskampf insgesamt eher vorsichtig gewesen. Diese Zurückhaltung hat der 1. Senat seit 1976 (Warnstreik)[31], vor allem aber seit 1980 (bei den Aussperrungsquoten[32] und zur sog. neuen Beweglich-

---

[31] BAG AP Nr. 51 zu Art. 9 GG.
[32] BAG AP Nr. 65 zu Art. 9 GG.

keit[33]) zunehmend aufgegeben, teilweise im offenen Widerspruch zu den Grundsätzen des Großen Senats von 1971[34].

Richterrecht tendiert zur Verselbständigung und Ablösung von der Gesetzesbindung. Das Bundesarbeitsgericht ist deshalb bestrebt, eine Zementierung der jeweiligen höchstrichterlichen Entscheidungen zu vermeiden und einen weiten richterrechtlichen Ermessens- und Regelungsspielraum zu erhalten (sog. „horror pleni"-Scheu vor dem Großen Senat). Er verweigert oft Vorlagen, zu denen er gesetzlich verpflichtet ist (§ 45 Abs. 2 ArbGG). Zudem bewirkt das Prozeßrecht der Revisionsinstanzen eine große Schwäche für die eigene Analyse des streitigen Sachverhalts. Für Revisionsurteile mit grundsätzlich rechtsfortbildender Tragweite ist es daher entscheidend, daß die Tatsacheninstanzen die Fakten genauestens ermitteln.

Hier bieten sich oft als (scheinbare) Lösungsinstrumente weitgefaßte, inhaltsarme Generalklauseln oder Schlagworte an (Parität, Verhältnismäßigkeit bzw. Übermaßverbot, ultima ratio, faire Kampfführung). Sie bieten einen weiten Anwendungsspielraum und außerdem flexible Korrekturmöglichkeiten für die eigene Rechtsprechung der Gerichte, ohne daß die einst selbstaufgestellten und hochgepriesenen Grundsätze offen aufgegeben werden müßten. Diese Methode der Rechtsfindung kann nur auf Kosten der Rechtssicherheit gehen. Daraus erklärt sich die wachsende justizfremde „Vergleichsmentalität" der Arbeitsgerichtsbarkeit. Das Bundesarbeitsgericht ist unter dem Druck von Gesetzeslücken und ge-

---

[33] BAG AP Nr. 81 und 83 zu Art. 9 GG.
[34] BAG AP Nr. 43 zu Art. 9 GG.

6. Die Gefahren des Richterrechts

wandelten Rechtstatsachen zum Vermittler der Einheit von Rechtsnorm und Rechtswirklichkeit geworden[35]. Seine Entscheide sind nicht selten Rechtsprechung, Ersatzgesetzgebung und Schiedssprüche einer Maklerinstanz im Sinne von „gesellschaftspolitischen Prozeßvergleichen in Urteilsform".

Richterrecht der höchsten Instanzen muß in seinen Auswirkungen als Rechtsquelle verstanden werden. Eine brauchbare Rechtsquellenlehre muß alle geltenden Rechtssätze nach ihren Entstehungsgründen erklären können. Wir haben im Arbeitsrecht und auf allen übrigen Rechtsgebieten zahlreiche geltende Rechtssätze, die weder in materiellen Gesetzen noch im Gewohnheitsrecht verankert sind. Ein Anwalt, der im Gesetz nicht vorhandene, höchstrichterrechtlich festgelegte Grundsätze unbeachtet läßt, macht sich schadenersatzpflichtig. Ein Richter muß die Entscheidungen der obersten Bundesinstanzen kennen und in sein Urteil einbeziehen. Gemäß Art. 97 GG muß ein Richter dieser Rechtsprechung zwar nicht folgen. Das ist unbestritten. Dieser Richter riskiert aber bewußt und auf Kosten der Parteien, daß seine abweichende Entscheidung in der nächsthöheren Instanz im Sinne der höchstrichterlichen Rechtsprechung korrigiert wird. Die Rechtsordnung selbst zieht in den Verfahrensgesetzen aller Gerichtszweige Vorlagepflichten oder eine obligatorische Zulassung von Rechtsmitteln für Mittelinstanzen vor, wenn sie von der Rechtsprechung anderer Mittel- oder Oberinstanzen abweichen. Bei Unstimmigkeiten einzelner Senate eines obersten Bundesgerichts bezüglich einer Rechtsfrage besteht ein Zwang zur Anrufung der Großen Senate. Der

---

[35] Vgl. etwa BAG AP Nr. 51 zu Art. 9 GG.

abweichende Richter muß also die Chance einer Kontrollentscheidung durch die letzte Instanz gewähren. Diese beurteilt letztendlich, ob ihr eigenes Richterrecht Anwendung findet. Meines Erachtens ist der Einwand der fehlenden Bindungswirkung nicht stichhaltig.

Richterrecht letzter Instanzen hat normativen Stellenwert. Es ist neben und unter dem Gesetz „Rechtsquelle" – im Arbeitsrecht sogar vielfach die leider einzige und manchmal betrübliche. Fehlentwicklungen auf diesem Gebiet sind geeignet, die Grundlagen der Demokratie und des Rechtsstaates zu gefährden. Deshalb gilt: „Das Richterrecht bleibt unser Schicksal."

Aus dem Vorstehenden wird deutlich, welche Bedeutung das Richterrecht für das Rechtsgefühl und das Rechtsvertrauen der Bevölkerung, gerade der Nichtjuristen hat. Die erlebte Rechtsordnung besteht für die Bürgerinnen und Bürger gerade in ihren Kontakten mit staatlichen Instanzen, im Streitfall also mit Gerichten. Das Recht, das sie, nicht selten schmerzlich, erfahren, ist in der Regel Richterrecht.

Die Gerichte bestimmen mit ihren Entscheidungen also maßgeblich, wie gerecht und wie ungerecht der Staat erlebt wird. Dabei garantiert die verbreitete, seit alters her tradierte, von manchen Juristen heute noch gepflegte Fehlvorstellung, staatlich gesetztes und gesprochenes Recht könne, mindestens in der Tendenz, wahre, vollkommene Gerechtigkeit vermitteln, unausweichlich häufige Enttäuschungen der Rechtsuchenden. Deshalb habe ich dem Buch die Zitate von B. Bohley, Karl R. Popper, Herbert Rosendorfer und Willi Geiger vorangestellt. Sie artikulieren und warnen vor dieser Enttäuschung Es will schon etwas heißen, wenn ein durch ein langes Berufsleben in zwei Reichen erfahrener hoher Richter wie

6. Die Gefahren des Richterrechts

W. Geiger, Jahrzehnte Richter und Senatspräsident am Bundesgerichtshof, lange gleichzeitig Richter am Bundesverfassungsgericht, seine Erfahrung in der Empfehlung zusammenfaßt:

„*Führe möglichst keinen Prozeß; der außergerichtliche Vergleich oder das Knobeln erledigt den Streit allemal rascher, billiger und im Zweifel ebenso gerecht wie ein Urteil. Das heißt in allem Ernst: Unter den in der Bundesrepublik obwaltenden Verhältnissen von den Gerichten Gerechtigkeit zu fordern, ist illusionär.*"

Die darin ausgedrückte Skepsis gegenüber staatlichen Entscheidungen ist ein Schutzschild gegen überzogene Gerechtigkeitserwartungen. Und Geiger wußte, wovon er redete, als er dies mit 73 Jahren in der Deutschen Richterzeitung (1982, S. 325) schrieb.[36] Die staatliche Justiz hat rechtskräftige Entscheidungen zu bieten, die mit staatlicher Sanktion vollstreckt werden können. Sie können „gerecht" sein, was immer das für die Betroffenen heißen mag. Ein Definitionsmonopol für eine vor- oder überstaatliche Gerechtigkeit hat sie nicht.

---

[36] Geiger (* 1909) war nach 1933 zunächst Staatsanwalt an einem Sondergericht in Bamberg und erwirkte dort in fünf Fällen Todesurteile. Nach dem Zweiten Weltkriege wurde er Oberlandesgerichtsrat in Bamberg. Präsident war dort Hermann Weinkauff (von 1935 bis 1945 am Reichsgericht), der 1950 zum ersten Präsidenten des BGH berufen wurde. 1950 wurde dann an auch Geiger den Bundesgerichtshof berufen, ab 1951 Präsident eines Senates. Gleichzeitig war er von 1951 bis 1977 Richter am Bundesverfassungsgericht.

7. Gerechtigkeit durch Strafrecht?

Der Vorrat divergierender Gerechtigkeitsbilder, -wünsche und -erfahrungen wird täglich reicher. Ein Beispiel zum politischen Strafrecht mag die Überlegungen zu diesem „unendlichen" Thema ergänzen. Es betrifft die Frage, ob und wie das Strafrecht nach dem Zusammenbruch eines Unrechtsstaates dazu beitragen kann, Gerechtigkeit wiederherzustellen und dadurch inneren Frieden zu schaffen.

Diese Frage erregte nach 1989 in Deutschland ein zweites Mal die Gemüter. Es ging darum, ob Verletzungen elementarer Menschenrechte, begangen im SED-Staat zwischen 1949 und 1989, nach dem Zusammenbruch des real existierenden Sozialismus angeklagt und strafrechtlich geahndet werden können. Die Problematik wird beispielhaft deutlich an den Strafverfahren, gegen die Todesschützen an der Berliner Mauer wegen Totschlags einerseits sowie der Anklage gegen den Vorsitzenden des FDGB Harry Tisch wegen Veruntreuung von Gewerkschaftsgeldern andererseits. Nach welchen Rechtsvorschriften welchen Staates sind Unrechtstaten zu beurteilen, die zur Tatzeit der Ideologie, den Gesetzen und dem „Rechtsbewußtsein" eines Unrechtsstaates entsprachen?

Auf der Generalversammlung der (katholischen) „Görres-Gesellschaft zur Pflege der Wissenschaft" behandelte die „Sektion Rechts- und Staatswissenschaft" am 1. Oktober 1991 genau dieses Thema „Vergangenheitsbewältigung durch Strafrecht". Der Bonner Strafrechtslehrer Günther Jakobs vertrat mit Eloquenz und Elan die These, die Untaten im Nationalsozialismus und im „realen Sozialismus" des SED-Staates könnten unter allen denkbaren rechtlichen Gesichtspunkten ausschließlich nach dem Strafrecht des (Unrechts-)Regimes beurteilt werden, das zur Tatzeit galt. Der jeweilige Staat bestimme den jeweiligen strafrechtlichen Handlungs- und Beurteilungsrahmen. Deshalb könnten Verbrechen der DDR und in der DDR nur nach DDR-Strafrecht geahndet werden.

Als in der Diskussion dagegen Widerspruch geäußert wurde, sekundierte der Sektionsleiter, der Staatsrechtler Josef Isensee, seinem Bonner Kollegen mit dem Hinweis auf verfassungsrechtliche und staatstheoretische Grundsätze, die kein anderes Ergebnis zuließen. Es gehe nicht darum, das in diesen Systemen begangene Unrecht für Recht zu erklären. Nur die *strafrechtliche* Aufarbeitung stehe zur Diskussion. Das Strafrecht setze aber Positivität voraus („nulla poena sine lege"). Außerdem sei zu beachten, daß strafrechtliche Sanktionen gegenüber diesen Unrechtstatbeständen ohnehin versagen müßten. Strafrecht sei generell kein geeignetes Mittel, um staatlich befohlenes oder gedecktes Unrecht im nachhinein zu sanktionieren oder abzuwickeln. Er dankte Jakobs für „das kalte Licht der juristischen Rationalität", das „gut gemeinte Emotionen" (gemeint waren die Vertreter anderer Auffassungen) zurückdrängen könne.

Zur Einordnung dieser Position mag der Hinweis nützlich sein, daß G. Jakobs schon 1985, also lange vor der „Wende" in der DDR, den Begriff eines besonderen „Feindstrafrechts" in die rechtspolitische Debatte einführte.[37] Die Bezeichnung sollte ein spezielles Sonder-

---

[37] Günther Jakobs, Kriminalisierung im Vorfeld einer Rechtsgutsverletzung. In: Zeitschrift für die gesamte Strafrechtswissenschaft 97 (1985), S.751–785.

Strafrecht kennzeichnen, das für bestimmten Gruppen von Menschen (Staatsfeinde) die allgemeinen Bürgerrechte versagt oder einschränkt, weil sie als unverbesserliche Überzeugungstäter nicht resozialisierbare Feinde der Gesellschaft oder des Staates seien und deshalb außerhalb des für die Gesellschaft geltenden Rechts stünden. Den Gegensatz zum Feindstrafrecht bildet für Jakobs das „Bürgerstrafrecht".

Die aus seiner Sicht bereits vorhandenen Ansätze zum Feindstrafrecht sah Jakobs in den Rechtsvorschriften, welche die Gesetzgebung der Bundesrepublik zur Abwehr der Bedrohung durch den Terrorismus der 70er Jahre (RAF, Revolutionäre Zellen, Bewegung 2. Juni) erlassen hatte (Kontaktsperregesetz, Mitgliedschaft in einer terroristischen Vereinigung etc.) erlassen hatte.

Das Feindstrafrecht sollte also die rechtsstaatlichen Grundrechtsgarantien für den Kreis der „Feinde" erheblich einschränken können. Der Beitrag Jakobs von 1985 erhielt zunächst wenig, und in Deutschland überwiegend kritisches Echo. Nach den Terroranschlägen vom 11. September 2001 in den USA fand diese Diskussion eine Fortsetzung in der deutschen Staatsrechtslehre. Nach der Ansicht von O. Depenheuer[38] ist die Bundesrepublik verfassungsrechtlich gegen die Bedrohung durch den weltweiten Terrorismus nicht gerüstet. Er plädiert für eine entsprechend verschärfte Notstandsverfassung, die dem durch den Terrorismus verursachten, dauerhaften Ausnahmezustand zu entsprechen habe. Die Freund-Feind-Unterscheidung und die Annahme eines Aus-

---
[38] O. Depenheuer, Selbstbehauptung des Rechtsstaates, 2. Aufl., Paderborn u. a. 2007.

nahmezustandes gehen zurück auf Lehren von Carl Schmitt.[39]

Angesichts der Erfahrungen mit Sonderstrafrechten für Staatsfeinde in zwei deutschen Diktaturen des 20. Jahrhunderts hat diese Diskussion eine besondere historische und rechtspolitische Dimension.[40]

Das Problem ist brisant, weil die Verbrechen in der DDR vor dem Hintergrund der Strafverfahren gegen NS-Täter zu sehen sind. Dem alten Meinungsstreit um die juristische Aufarbeitung des NS-Unrechtes in der Bundesrepublik wird hier neues Argumentationsmaterial zugeführt. Unter dem Eindruck, vielleicht auch dem Druck unabsehbarer Prozeßlawinen, die jetzt aus den Untaten des SED-Staates anstehen könnten, gewinnt die These „Das Strafrecht ist kein Mittel der Vergangenheitsbewältigung!" offenbar zunehmende Attraktivität und Sympathie. Bestätigt werden durch die Proklamation der Straffreiheit im nachhinein auch jene Politiker und Parteien, welche die Erfassungsstelle für das DDR-Unrecht in Salzgitter schon vor Jahren auflösen wollten, weil dort Leute erfaßt würden, die doch nur ihre Pflicht getan hätten. Die Risiken und die absehbaren Nebenwirkungen eines solchen Weges sollten nicht verkannt werden.

Geht man von der Voraussetzung aus, daß beide Regimes (Nationalsozialismus und realer Sozialismus der SED) Unrechtsstaaten waren, dann sind die schweren Menschenrechtsverletzungen beider nach den nämlichen Grundsätzen zu beurteilen. Das gilt für alle Rechtsgebiete, auch für das Strafrecht. Bisher galt es in der Bundesre-

---

[39] Vgl. dazu Wolfgang Hetzer, Rechtsstaat oder Ausnahmezustand? – Souveränität und Terror, Berlin 2008.
[40] B. Rüthers, Rezension zu W. Hetzer, Rechtsstaat oder Ausnahmezustand? (demnächst in ZRG, GA).

publik als überwiegende, heute fast unbestrittene Auffassung, daß die strafrechtliche Erfassung und Beurteilung der NS-Verbrechen zu spät, zu zögerlich und zu nachsichtig erfolgte. Hätte sie – soweit es sich um den Vollzug nationalsozialistischen gesetzlichen Unrechts handelte – ganz unterbleiben sollen? Sollen diese Verfahren, soweit die abgeurteilten Taten der nationalsozialistischen Rechtsordnung und dem „Führerwillen" entsprachen, Unrecht gewesen sein?

Die ganze Diskussion ist erhellend für das problematische Beziehungsfeld zwischen der staatlichen Gesetzesordnung, Justiz und Jurisprudenz einerseits sowie den Gerechtigkeitserwartungen breiter Volksschichten andererseits. Nach vier politischen Systemwechseln und zwei Unrechtssystemen auf deutschem Boden in einem Jahrhundert kehrt offenbar ein beachtlicher Teil der deutschen Rechtswissenschaft – nicht nur im Strafrecht – zum staatsrechtlichen Positivismus des 19. Jahrhunderts zurück, den man spätestens mit dem Grundgesetz weithin für überwunden hielt. Die Folgen dieser Rechtsposition sollten offen dargelegt und abgewogen werden. Das grausame Unrecht zweier totalitärer Systeme und ihrer Werkzeuge in Deutschland wird strafrechtlich für irrelevant erklärt, wenn nur die jeweils herrschende „Räuberbande" (Augustinus, De Civitate Dei) ihre Untaten für legal erklärte. Die handelnden Täter verschwinden hinter dem abgelebten Unrechtssystem, dem „Staat" allein wird alles begangene Unrecht zugerechnet. Der Sühnegedanke wird gänzlich aus dem Strafrecht verbannt, als archaisches „Vergeltungsbedürfnis" abgetan. Das Strafrecht läßt die Opfer der Verbrechen außer Betracht.

Die These von der völligen Straffreiheit derer, welche die Gesetze eines Terrorregimes machten oder ausführten, könnte zudem eine Anleitungsfunktion für künftige Putschisten und Terroristen haben. Gelingt ihnen die Okkupation der staatlichen Macht, dann kann das Blut ihrer Verbrechen ungestraft in Strömen fließen. Sie müssen sie nur gesetzlich formell organisieren, dann sind sie vor Strafe sicher, auch wenn ihr verbrecherisches Regime zusammenbricht. Die Beispiele der jüngsten deutschen Geschichte können zur Vorsicht gegenüber so griffigen, scheinbar logisch zwingenden Thesen der juristischen Dogmatik mahnen.

Die These von der generell fehlenden Eignung des Strafrechts für die Verhinderung, Abwehr und Sanktionierung bestimmter Unrechtstypen läßt sich nicht auf die Verbrechen von und in Unrechtssystemen beschränken. Wird sie hier anerkannt, so muß sie auf alle jene Tatbestände erstreckt werden, bei denen die Strafsanktion sich als ungeeignet für die Verhinderung oder Abwehr des als Unrecht eingestuften Verhaltens erwiesen hat.

Damit ergibt sich eine – aus katholischer Sicht sicher ungewollte, aber sachlich unabweisbare – Parallele zur gegenwärtigen Diskussion über § 218 StGB. Die Dunkelziffer der in der alten Bundesrepublik durchgeführten illegalen Abtreibungen wird von allen an dieser Debatte beteiligten Gruppen als sehr hoch eingeschätzt. Die Zahl der Anklagen wegen § 218 StGB liegt unter 10 (zehn) jährlich. Ist die Strafsanktion nach § 218 StGB gegen das Abtreibungsrecht besser „geeignet" als gegen das gesetzliche Unrecht totalitärer Systeme und ihrer Gehilfen?

Der Diskussionsstand der Strafrechtswissenschaft erleichtert die rechtliche Aufarbeitung des totalitären Unrechts nicht. Die Richter, die jetzt urteilen, werden sich vielleicht eher an den von der Bundesrepublik ratifizierten Menschenrechtskonventionen orientieren. Sie sind als gültige Grundsätze des Völkerrechts auch im Strafrecht zu beachten.

Das Beispiel „Vergangenheitsbewältigung durch Strafrecht" zeigt erneut, daß der Buchtitel „Das Ungerechte an der Gerechtigkeit" nicht literarischer Phantasie entstammt: Er benennt eine oft schmerzliche, unentrinnbare Realität in der wissenschaftlichen, justiziellen und politischen Lebenspraxis.

8. Nach dem Honecker-Prozeß

Beim Erscheinen der zweiten Auflage im Frühjahr 1993 hat die Frage „Gerechtigkeit durch Strafrecht?" durch die ersten Mauerschützen-Verfahren, vor allem aber durch den skurrilen Verlauf des Honecker-Prozesses und das in der Hauptstadt richterrechtlich geschaffene neue Berliner Landrecht aktuelle, schmerzliche Brisanz erhalten.

Am 12. 1. 1993 hat der Verfassungsgerichtshof des Landes Berlin das Strafverfahren gegen Erich Honecker beendet, besser wohl: abgebrochen. Er entschied: Landgericht und Kammergericht Berlin hätten das Grundrecht des SED-Chefs auf Achtung seiner Menschenwürde verletzt, indem sie die Einstellung des Verfahrens und die Aufhebung des Haftbefehls ablehnten, die seine Anwälte wegen seiner Krebserkrankung beantragt hatten. Am 13. 1. 1993 hat das Landgericht Berlin daraufhin den Haftbefehl gegen Honecker aufgehoben und das Verfahren gegen ihn – im Übereifer vermeintlicher Eilbedürftigkeit gesetzwidrig außerhalb der Hauptverhandlung (!) – eingestellt. Wie durch ein Wunder stand am 14. 1. auch ein Reisepaß zur Verfügung. Honecker wurde – medienumschwärmt wie in alten Zeiten – nach Art der Verabschiedung eines Staatsbesuchers zum Flughafen geleitet und flog 17 Stunden nach Chile. Die Pressefotos vom großen Empfang bei der Ankunft, fröhlich am Arm von Frau Margot, ließen Anstrengung, geschweige denn Todesgefahr, nicht erkennen. Honecker starb 16 Monate später, am 29. Mai 1994.

Das alles geschah im Namen des Volkes und „Rechtsstaates". Im Rückblick stellt sich das gesamte Honecker-Verfahren in Berlin als eine Abfolge unsäglicher Peinlichkeiten dar, die von seriösen Blättern als „eine Berliner Justizposse in mehreren Aufzügen" (Stuttgarter Zeitung 28. 1. 1993) charakterisiert wurde. Die Bezeichnung „letzte Lachnummer" (DER SPIEGEL 5/1993, S. 87) verkennt allerdings die makabren Folgen der justiziellen Entgleisungen in Berlin für das Rechtsbewußtsein vor allem derjenigen DDR-Bürger, die unter dem Diktator Honecker gelitten haben. Sie hatten mit dem Beitritt zur Bundesrepublik Gerechtigkeit erwartet. Jetzt bekommen sie bisweilen Zerrbilder eines Rechtsstaates vorgesetzt. Das Honecker-Verfahren wird in die Justizgeschichte eingehen als Beleg für zwei Einsichten.

Die erste betrifft noch einmal die bekannte Schwäche des Strafrechts bei der Aufarbeitung staatlichen Unrechts nach dem Zusammenbruch eines Unrechtsstaates nach Art der stalinistischen SED-Diktatur. Hier verdient speziell die Rolle der Verteidiger Honeckers Beachtung. Mit perfekter Raffinesse haben sie es von Anfang an verstanden, nur Honeckers Gesundheitszustand, nicht aber seine Mittäterschaft bei den Todesschüssen an der Mauer und der „Staatsgrenze" im Prozeß zur Sprache zu bringen. Von vornherein wurde das Verfahren als „politischer Prozeß" denunziert.

Die zweite Einsicht betrifft das personelle und fachliche Profil wichtiger Teile der Berliner Justiz und ihrer Administration. Da ist zunächst ein Vorsitzender Richter, der für einen seiner Schöffen ein Autogramm vom Angeklagten zu vermitteln sucht und dies dann auch noch wahrheitswidrig bestreitet. Das fällige Ausscheiden dieses Richters gab dem Verfahren den ersten Stoß. Aber das war nicht die einzige begründete Besorgnis der Befangenheit.

Als der Verfassungsgerichtshof des Landes Berlin von Honecker angerufen wurde, weil dieser seine Menschenwürde verletzt sah, erinnerten sich viele, daß der Präsident dieses noch sehr jungen Gerichts, der Anwalt Finkelnburg, im August 1992 mit der These an die Öffentlichkeit getreten war, die strafrechtliche Aufarbeitung der DDR-Vergangenheit – also auch der Regierungskriminalität – sei sofort zu beenden. Sollte das nicht die Besorgnis begründen, der Präsident habe in der Sachfrage eine vorgefaßte Meinung, sei also befangen? Wenn zusätzlich öffentlich (Frankfurter Allgemeine Zeitung, 22. 1. 1993) und ohne Gegendarstellung das Gerücht erörtert wird, der Verfassungsgerichtshof habe in den privaten Räumlichkeiten seines Präsidenten getagt, so wird man den Verfahrensgang insgesamt kaum als eine vertrauensbildende Maßnahme für die Objektivität und Glaubwürdigkeit dieser Instanz deuten können.

Das Gericht stützte seine Entscheidung, das Verfahren gegen Honecker unverzüglich, und ohne die anstehende medizinische Untersuchung abzuwarten, zu beenden, auf ein Grundrecht, das die Berliner Verfassung gar nicht enthält. Die Menschenwürde wurde vom Gericht aus dem Grundgesetz übernommen. Die notwendige Konkretisierung der Merkmale dieser Generalklausel auf den zu entscheidenden Sachverhalt sucht man in den Entscheidungsgründen vergeblich.

Das Verfahren hat von maßgeblichen Vertretern des deutschen Verfassungsrechts eine vernichtende Kritik erfahren: „Ausgerechnet mit dem Namen des Angeklagten, der über Jahrzehnte alle rechtsstaatlichen Grundsätze mit Füßen trat, verbindet sich nun ein rechtsstaatlicher Verstoß eines Landesverfassungsgerichts. [...] Gerade der Prozeß gegen Honecker war Gelegenheit, ein Beispiel für eine rechtsstaatliche Rechtspflege in jeder Hinsicht zu geben. Der Berliner Verfassungsgerichtshof hat diesem Anliegen mit seiner Entscheidung schweren Schaden zugefügt [...]" (Rupert Scholz, DIE WELT, 14.1.1993).

Durch die oberflächliche Berufung auf die Menschenwürde hat der Verfassungsgerichtshof des Landes Berlin dem Rechtsstaat Schaden zugefügt (Christian Starck, Frankfurter Allgemeine Zeitung, 17.2.1993).

Die Tragikomödie der Berliner Justiz war damit nicht beendet. Das Kammergericht Berlin hob den Einstellungsbeschluß des Landgerichts Berlin, aufgrund dessen Honecker am 14.1.1993 abgereist war, am 27.1.1993 wegen eines Formfehlers auf. Honecker war also „zu unrecht" freigelassen worden. Das justizielle Durcheinander war kaum noch überbietbar:

„Die Berliner Justiz gibt sich nach der neuesten Wendung im Fall Honecker vollends dem Gespött der Öffentlichkeit preis" (Stuttgarter Zeitung, 28.1.1993).

Nun sollte Honecker in Chile förmlich geladen werden, am Montag, dem 8. Februar 1993, um 9.30 Uhr im Saal 500 des Moabiter Kriminalgerichts erneut zu erscheinen. Er kam nicht. – In Moabit sind über manchen Türen zu Sitzungssälen noch die Tafeln der Zehn Gebote in Stein (oder Gips?) angebracht. Wird dort wirklich im Namen Gottes gerichtet, nach göttlicher Gerechtigkeit?

Inzwischen war auch Berlins Justizsenatorin Jutta Limbach noch in den Verfahrensskandal verwickelt worden. Am 20. Januar 1993 war der Generalstaatsanwalt mit einer scharfen Kritik am Verfassungsgerichtshof an die Öffentlichkeit getreten: „Es scheint geradezu absurd, daß dabei der Verfassungsgrundsatz der Achtung der Menschenwürde nicht in Erwägung gezogen worden sein soll."

Dabei hatte Frau Limbach dem Generalstaatsanwalt mehr als nur „Formulierungshilfe" gegeben – noch eine Berliner Spezialität: Die Justizsenatorin kritisiert als Ghostwriterin den Verfassungsgerichtshof der Hauptstadt!

So endete das Honecker-Verfahren nach einer Kaskade von Seltsamkeiten und persönlichen wie fachlichen Unzulänglichkeiten der Beteiligten in einem Tohuwabohu, das dem Vertrauen in Recht und Gerechtigkeit schwer geschadet hat. Wenn Kleist noch lebte, er hätte für seinen Dorfrichter Adam neue, moderne Profile gefunden. In Berlin ist allerdings mehr als nur ein Krug zerbrochen ...

Viele Bürger in Deutschland sind in ihrem Gerechtigkeitsempfinden verletzt worden und fühlen sich bestärkt in der Vorstellung: Die Kleinen hängt man, die Großen läßt man laufen. Besonders kraß wird dieses Ungerechte an der politischen Gerechtigkeit nach der Wende von den Opfern der DDR-Justiz empfunden. Die Opfer des SED-Staates hatten sich die juristische Aufarbeitung der Staatsverbrechen und ihrer Leiderfahrungen anders vorgestellt.

Abläufe wie Diskussionen sind durch eine beträchtliche Verwirrung der Maßstäbe gekennzeichnet. Eines scheint erneut bewiesen: Das Strafrecht ist nur in sehr engen Grenzen geeignet, das angehäufte Unrecht eines totalitären Regimes nach dessen Zusammenbruch aufzuräumen und „Gerechtigkeit" herzustellen.

Andererseits gilt immer noch der Grundsatz „opus iustitiae pax": Nur Gerechtigkeit schafft Frieden. Das Wort des Augustinus aus seinem Gottesstaat hat für den deutschen Einigungsprozeß wegweisende Bedeutung: „Was sind Staaten ohne Gerechtigkeit anderes als große Räuberbanden!"

Wer erinnert sich nicht der langen Mühseligkeiten, der Fehler und der Versäumnisse der Justiz nach 1945 gegenüber den NS-Verbrechen. Diese Erfahrung ist lange zu einem leidenschaftlichen Vorwurf gegen die alte Bundesrepublik verwendet worden. Zu Recht ist die Verzögerung der Ermittlungen und der Strafverfahren im ersten Jahrzehnt nach der Gründung der Bundesrepublik 1949 kritisiert worden. Als die Verfahren später in Gang kamen, blieben die Ergebnisse in aller Regel umstritten.

Die extremen Seltsamkeiten des Honecker-Prozesses belegen erneut die Schwächen des Strafrechts bei der „Bewältigung" des Unrechts skrupellos rechtsverachtender Diktatoren, ihrer Führungsstäbe und ihrer Helfershelfer. Es beseitigt nicht die Leiden der Opfer von Bautzen und Hoheneck, nicht den Schmerz der Angehörigen erschossener „Republikflüchtiger", nicht das Mißtrauen und die Enttäuschung der Bespitzelten durch die jahrzehntelang tätigen „IM", die heute ohne Skrupel politische Führungsfunktionen wahrnehmen, nicht die verlorenen Jahrzehnte, in denen Millionen nicht nur der Mund, sondern das Denken verboten war, in denen sie wie in einem großen Gefängnis eingesperrt waren, das DDR hieß und sich mit der „Kirche im Sozialismus" arrangierte. Es heilt nicht die Vernichtung der Berufschancen und Entfaltungsmöglichkeiten für die „ideologisch Unzuverlässigen". Das alles kann das Strafrecht nicht leisten, auch wenn es weniger stümperhaft gehandhabt wird als von der Berliner Justiz im Fall Honecker. Das Wenige aber, was es dennoch leisten kann in solchen Lagen, ist unverzichtbar, wenn ein dauerhafter Rechtsfriede einkehren soll im geeinten Deutschland.

In der Annahme einer eindeutigen und vollkommenen Gerechtigkeit äußert sich ein idealistisch-utopischen Mißverständnis bezüglich der Möglichkeiten menschlichen Regelungen und, erstrecht, staatlicher Justiz. Der demokratische Rechtsstaat erstrebt in der Konkurenz der vielen Gerechtigkeitsbilder den erreichbaren Zustand des Bestmöglichen, was ein Staat leisten kann. Das ist mehr als die Proklamation einer vermeintlich vollkommenen „universalen" Gerechtigkeit. Wer diesem Staat vorwirft, er habe keine letzte Gerechtigkeit zu bieten, sondern nur rechtsstaatliche Verfahren, der verkennt das Wesen des freiheitlich-demokratischen Rechtsstaates. Solche Kritik geht – getreu dem traditionellen, idealistischen deutschen Rechtsbewußtsein – von einem festgefügten, monolithischen Begriff der *einen* Gerechtigkeit aus, der keine Differenzierungen oder gar Pluralitäten zuläßt. Wer sie fordert, ist überzeugt, sein Gerechtigkeitsbild sei das einzig wahre, dem sich jeder zu beugen habe.

Dieser singulare Gerechtigkeitsbegriff hat Geschichte. Es gibt ihn (immer und nur) in festgefügten Glaubensgemeinschaften, seien diese auf religiöse, philosophische oder weltanschauliche Überzeugungen gegründet. Für den vorbehaltlos Gläubigen steht das, was in der jeweili-

8. Nach dem Honecker-Prozeß

gen Lebenslage gerecht ist, im Grundsatz außer Zweifel. Die jeweilige umfassende Glaubenslehre schließt eine Wert- und Gerechtigkeitsordnung für alle irdischen Dinge und Konflikte ein.

Wer dazu abweichende Vorstellungen hegt, denkt eben „ungerecht", glaubenswidrig. Das mag vielleicht noch „rechtsstaatlich" sein, aber es ist eben ungerecht und falsch. Hier liegt das Problem. Staaten mit einer einheitlichen, für alle Bürger rechtsverbindlich vorgeschriebenen Glaubens- und Gerechtigkeitsüberzeugung sind heute nur noch als totalitäre Systeme denkbar. Soweit es sie früher gegeben hat, insbesondere seit dem Zerfall der religiösen Glaubenseinheit in Deutschland nach der Reformation, aber auch vorher, sind die Erfahrungen mit staatlich verordneten Glaubenslehren und Zwangsgerechtigkeiten außerordentlich blutig und grausam gewesen. Die Absicht, für ganze Völker von Staats wegen das höchste Glück und *die* vollkommene Gerechtigkeit herbeizuführen, hat – nach K. R. Popper – noch stets in die Hölle totalitärer und grausamer Weltanschauungsdiktaturen geführt.

Darum erscheint es notwendig, über die Gerechtigkeit und ihr Verhältnis zum Rechtsstaat im Sinne eines freiheitlich-demokratischen Verfassungsstaates neu nachzudenken. Entscheidend ist dabei die Einsicht, daß freie und demokratische Staats- und Gesellschaftsordnungen gerade das Nebeneinander und den Wettbewerb sehr verschiedener Auffassungen von Gerechtigkeiten für notwendig halten und gewährleisten. Ist es vielleicht so, daß der offene Diskurs, der Streit verschiedener Gerechtigkeiten um Vorrang und Geltung, ein Kernstück des demokratischen Rechtsstaates ist? Er garantiert nicht *eine*, sondern die Konkurrenz der *vielen* Gerechtigkeiten. Die Proklamation einer einzigen, staatlich sanktionierten Gerechtigkeit birgt das Risiko einer Weltanschauungsdiktatur. Denn es gibt kein Gerechtigkeitsmodell ohne eine „ideologische" Grundlage. Wir Deutsche haben das in kurzer Folge mehrfach leidvoll erlebt.

Es geht also um den Abschied von der *einen* Gerechtigkeit, die zudem meist an den materiellen oder ideologischen Interessen ihrer Verkünder ausgerichtet ist. Müssen wir nicht dankbar sein, daß die Bundesrepublik nicht beansprucht, *die* Gerechtigkeit zu gewährleisten, die es in einer pluralen Gesellschaft nicht geben kann, sondern sich mit den Garantien der Grundrechtsdemokratie und des an gemeinsam anerkannten Grundwerten orientierten Rechtsstaates begnügt? Das ist ein deutliches Mehr an Humanität als der Versuch, eine ideale Gerechtigkeit staatlich zu sanktionieren. Es gibt eine solche nur in den Reservaten der politischen Romantik. Diese aber steht in aller Regel im Dienste sehr realer ideologischer Machtansprüche – und die deutsche Geschichte spricht gegen jegliche Versuche einer Neuauflage romantischer Idealisierungen.

VI. Verfassungsrecht:
Mit den Regeln spielt man nicht

Verfassungsänderungen jedweder Art sind in der Regel Eingriffe in das zentrale juristische Nervensystem eines Gemeinwesens. Das Grundgesetz hat sie daher zu Recht sehr scharfen Anforderungen unterstellt und für einen Kernbereich sogar gänzlich ausgeschlossen. Diesen Kernbereich mit „Ewigkeitsgarantie" bilden nach Art. 79 Abs. 3 GG die Verfassungsprinzipien der Menschenwürde, der Gewaltenteilung und der föderativen Gliederung. Alle sonstigen Grundgesetzänderungen erfordern nach Art. 79 Abs. 2 GG eine Zweidrittelmehrheit sowohl im Bundestag wie im Bundesrat. Die Hurtigkeit und die unbekümmerte Vielfalt der gegenwärtigen Reformvorschläge fordern daher kritisches Nachdenken heraus. Eine gute Ordnung duldet keine Beliebigkeit.

Ferdinand Lassalle hat am 16. April 1862 in Berlin-Friedrichstadt zur preußischen Verfassungsfrage einen wieder aktuellen Vortrag „Über Verfassungswesen" (Neudruck Darmstadt 1958) gehalten. Seitdem wissen wir, daß Verfassungsfragen zuallererst *Machtfragen* und Fragen einer die Gesamtstruktur des Gemeinwesens prägenden *Ordnungspolitik* sind. Verfassungen sind für Lassalle dauerhaft, wenn die wirkliche Machtlage im Staat mit der geschriebenen Verfassung übereinstimmt. Die verfaßte Realität, nicht programmatische Wünsche und Ziele, das ist für ihn die notwendige Qualität einer guten Verfassung.

Lassalle bezeichnet interessanterweise die Verfassung schon damals als das „Grundgesetz" eines Landes, und diesen Namen erläutert er: Das Grundgesetz bilde den Grund aller Gesetze. Wörtlich: „Das Grundgesetz muß also in den anderen gewöhnlichen Gesetzen fortwirken." Und weiter: „Aber eine Sache, die einen Grund hat, kann nicht mehr beliebig so oder anders sein; sondern sie muß eben so sein, wie sie ist ... Was ... einen Grund hat, das ist notwendig, so wie es ist."

Das Grundgesetz ist – nach Lassalle – „eine tätige Kraft, welche alle anderen Gesetze und Einrichtungen, die in diesem Lande erlassen werden, mit Notwendigkeit zu dem macht, was sie eben sind, so daß von nun ab gar keine anderen Gesetze als eben diese in diesem Lande erlassen werden können."

Die Aussage ist ungemein fesselnd, wenn man sie auf unsere Tage anwendet, nämlich: Prägt das Grundgesetz der Bundesrepublik eine spezifische Wirtschaftsverfassung und ebenso eine dazugehörige Arbeitsverfassung vor? Oder auch umgekehrt: Hängen Arbeits- und Wirtschaftsverfassung so sehr im Sinne einer untrennbaren Einheit untereinander und mit der Staatsverfassung des Grundgesetzes zusammen, daß in keinem dieser Bereiche etwas Wesentliches geändert werden kann, ohne daß es in den anderen Bereichen zu Funktionsänderungen kommt? Können vielleicht scheinbar kleine Zusätze in der Staatsverfassung eventuell grundlegende Wandlungen in der Wirtschaftsverfassung bewirken?

Die Antworten auf diese Fragen sind sehr verschieden. Das Grundgesetz sei wirtschaftspolitisch neutral. So verkündet das Bundesverfassungsgericht seit 1954 in einer vielzitierten, terminologisch aus meiner Sicht gründlich mißglückten und in der Sache mindestens mißverständlichen Sentenz seine Meinung zum Verhältnis von Staatsverfassung und Wirtschaftsverfassung in ständiger Rechtsprechung (BVerfGE 4, 7, 17; 50, 290, 338).

Zur Arbeitsverfassung macht dasselbe Gericht ganz andere Aussagen: Tarifautonome und Arbeitskampffreiheit sind danach in einem Kernbereich vom Grundgesetz gewährleistet. Der Gesetzgeber ist daher verpflichtet, den Gewerkschaften und Arbeitgeberverbänden ein staatsfreies Tarifsystem zur Verfügung zu stellen. Das sind, stark verkürzt, nur zwei besonders wichtige von mehreren Kernaussagen des Bundesverfassungsgerichts zu verfassungsgesetzlich vorgeprägten Grundstrukturen der Arbeitsverfassung (BVerfGE 4, 96; 50, 290, 366).

Der Befund ist verblüffend. Die Thesen des Bundesverfassungsgerichts zur Wirtschaftsverfassung einerseits und zur Arbeitsverfassung andererseits widersprechen sich in grober Weise. Das Grundgesetz soll gegenüber der Wirtschaftsverfassung „neutral" sein. Die Arbeitsverfassung legt es dagegen in wichtigen Teilen des Ordnungsgefüges verfassungsgesetzlich fest.

Die Arbeitsverfassung ist nämlich unzweifelhaft ein untrennbarer Teil der Wirtschaftsverfassung. Sie verfaßt – volkswirtschaftlich gesehen – u. a. den Arbeitsmarkt, also einen der ökonomisch wie politisch wichtigsten Märkte in einer Industriegesellschaft. Das zeigen gerade die vom Bundesverfassungsgericht vielfach herausgehobenen Gewährleistungen einer staatsfreien Tarifautonomie und auch die Aussagen zur Regelung der Mitbestimmung in der Unternehmensverfassung im Mitbestimmungsurteil, also zur Aufsichtsratsmitbestimmung.

Ein zweiter Aspekt erscheint wichtig. Staatsfreie Tarifautonomie, wie sie das Bundesverfassungsgericht als vom Grundgesetz geboten bezeichnet, gibt es in der ganzen Welt nur in marktwirtschaftlichen Systemen. Alle Zentralverwaltungswirtschaften in autoritären oder gar totalitären Staaten verbieten als erstes staatsfreie Koalitionen und staatsfreie Tarifverträge. Beispiele gibt es in Fülle.

Anders ausgedrückt: Die staatsfreie Tarifautonomie ist als Instrument staatsfreier Preisbildung nur in marktwirtschaftlichen Systemen sinnvoll und funktionsfähig. Nur dort gibt es eigenverantwortliche staatsunabhängige Koalitionen. Nur dort bestehen die für eine Tarifautonomie unerläßlichen existentiellen Grenzrisiken beider Tarifparteien. Kurz: Marktwirtschaft und staatsfreie Tarifautonomie sind, verfassungsgesetzlich und wirtschaftsverfassungsrechtlich gesehen, Geschwister. Sie zielen auf staatsfreie Preise. Ihr Unterschied liegt darin, daß die Tarifautonomie den freien Wettbewerb am Arbeitsmarkt zugunsten des Arbeitnehmerschutzes durch verfassungsgesetzlich gewährleistete Kartelle – das sind die Koalitionen – stark einschränkt.

Diese Sicht legt es nahe, die Aussage des Bundesverfassungsgerichts, das Grundgesetz sei wirtschaftspolitisch neutral, für ein zählebiges Mißverständnis zu halten. Mindestens fehlt dieser ständigen Rechtsprechung des Bundesverfassungsgerichts die zusätzliche Aussage, daß das Grundgesetz – bei aller ordnungspolitischen Gestaltungsfreiheit des Gesetzgebers in Wirtschaftsfragen – in einem Kernbereich marktwirtschaftliche Strukturen gebietet und gewährleistet.

Diese Feststellung beruht auf zwei verfassungsgesetzlichen Argumenten. Das erste ist in den Grundrechten

VI. Verfassungsrecht: Mit den Regeln spielt man nicht

der Menschenwürde, der Entfaltungs- und Vertragsfreiheit, der Vereinigungsfreiheit, der Berufsfreiheit und des Eigentums zu sehen (Art. 1, 2, 9, 12, 14, 15 GG). Jedes einzelne dieser Grundrechte schließt die schlichte Beseitigung marktwirtschaftlicher Grundelemente der Wirtschaftsordnung i. S. einer Zentralverwaltungswirtschaft aus. Sie alle zusammen gebieten eine auf Unternehmerfreiheit und Wettbewerb gegründete Ordnung. Es ist verfehlt, den ordnungspolitischen Systemzusammenhang dieser Grundrechte im Hinblick auf marktwirtschaftliche Grundelemente der Wirtschaftsordnung leugnen zu wollen.

Das zweite Argument beruht auf der Einsicht, daß eine freiheitliche Demokratie im Sinne eines sozialen Rechtsstaates historisch nur in marktwirtschaftlichen Ordnungen realisierbar zu sein scheint. Eine funktionsfähige Demokratie setzt nach der Logik ihrer Idee die Privatautonomie sowie die Möglichkeit des Wettbewerbs und der Solidarität auf allen gesellschaftlichen relevanten Ebenen voraus.

Wettbewerb ist – schon Schumpeter und Popper haben das formuliert – geradezu ein Lebensprinzip der Demokratie. Der ökonomische, ideologische, politische und moralische Zusammenbruch des real existierenden Sozialismus in Mittel- und Osteuropa ist ein weltgeschichtliches Datum. Er kennzeichnet das Ende der pseudo-religiösen, staats- und sozialphilosophischen Irrlehre des Marxismus, nach der Demokratie ohne Sozialismus nicht denkbar sei. Das Gegenteil trifft zu: Eine dauerhafte Demokratie kann es ohne Marktwirtschaft und ohne Privateigentum an den Produktionsmitteln nicht geben.

Die Einsicht, daß eine freiheitlich-demokratische Grundordnung des Staates eine freiheitliche und soziale marktwirtschaftliche Ordnung der Wirtschaft voraussetzt und gebietet, ist dem Bundesverfassungsgericht nicht im Grundsatz fremd und fern. In der Kommentierung des ehemaligen Gerichtspräsidenten Roman Herzog zu Art. 20 GG findet man zwei bemerkenswerte Feststellungen: „Davon abgesehen kann es keinen vernünftigen Zweifel daran gaben, daß eine Verfassung, die wie das Grundgesetz die Grundrechte des Eigentums, der Berufsfreiheit, der Freizügigkeit und der allgemeinen wirtschaftlichen Handlungsfreiheit verankert, damit zugleich die wesentlichen Prinzipien einer marktwirtschaftlich orientierten Wirtschaftsverfassung verankert. Diese These ist bisher nicht widerlegt worden. Heute sollte man ehrlicherweise hinzufügen: Sie ist nicht widerlegt worden, weil sie nicht widerlegbar ist."

Wenn das Gericht sich dieser Ansicht anschließen könnte, wäre eine wichtige Fehleinschätzung des Zusammenhangs von Staatsverfassung und Wirtschaftsverfassung in seiner Rechtsprechung beseitigt.

Nur in der offenen, auch wirtschaftlichen Wettbewerb ermöglichenden Gesellschaft ist dauerhafte Demokratie denkbar. Anders gewendet: Unternehmerfreiheit ist ein unabdingbarer Bestandteil der Bürgerfreiheit und Eigentum ein Stück materialisierter Freiheit.

Diese Tatsache wird durch die Umwälzungsprozesse nach 1989/90 eindrucksvoll vor Augen geführt. Die erstrebte Gleichzeitigkeit von ökonomischer und politischer Freiheit war und ist *die* Triebkraft der gewaltlosen Befreiungsbewegungen in den mittelosteuropäischen Ländern gewesen, und zwar über nationale und Blockgrenzen hinaus. Beachtenswert ist der Umstand, daß viele Vorschläge in der Diskussion zur Verfassungsreform auf die Auf- oder Übernahme immer neuer sozialer

VI. Verfassungsrecht: Mit den Regeln spielt man nicht

Grund*rechte*, besser wohl *Wunschrechte*, zielen, die notwendig nur Programmsätze mit illusionären Elementen bleiben müssen. Niemand kommt dagegen auf die Idee, in dieser besonderen Lage die Aufnahme von Grund*pflichten* der Bürger in die Verfassung zu erwägen, etwa einer Pflicht zum Einstehen für ein freiheitliches demokratisches Gemeinwesen im Sinne der Grundwerte des Art. 79 Abs. 3 des Grundgesetzes.

Die sogenannten „sozialen" Grundrechte sind, bei Licht gesehen, kaschierte Forderungen, gegebenenfalls auf Kosten anderer zu leben. Das gilt für die Rechte auf Wohnung, auf Bildung und auf Arbeit. Der Steuerzahler soll das alles richten. Der reale Sozialismus ist genau mit dieser Mentalität in den Konkurs gefahren.

Verfassungen haben tragende Grundprinzipien. Sie sind als einheitlich konzipierte Normengebäude auf eine verläßliche Statik angewiesen. An ihnen läßt sich daher auch nicht beliebig herumbasteln, ohne daß die Stabilität des Gesamtsystems gefährdet wird. Das gilt nicht zuletzt im Hinblick auf die zahlreichen Reformeuphorien und Übernahmevorschläge aus der alten DDR-Verfassung wie etwa „Recht auf Arbeit", „Recht auf Wohnung", „Recht auf saubere Umwelt", „Kulturstaatsklausel" und weitere wirtschaftliche und soziale Wunschrechte.

Die Vision eines Schlaraffenlandes läßt sich nicht durch die Aufnahme solcher Wünsche und Heilserwartungen in die Verfassungsurkunde realisieren. Arbeitsplätze, Wohnungen, saubere Luft und Umwelt – solche berechtigten Wünsche werden nicht durch Akte der Verfassungsgesetzgebung erfüllt. Was von der Aufnahme von Wunschbildern in den Verfassungstext zu halten ist, hat F. Lassalle in dem genannten Vortrag anschaulich formuliert: „Gott behüte meine Herren! Wenn Sie in Ihrem Garten einen Apfelbaum haben und hängen nun an denselben einen Zettel, auf dem steht: Dies ist ein Feigenbaum! – ist denn dadurch der Baum zum Feigenbaum geworden? Nein, und wenn Sie ... alle Einwohner des Landes herum versammelten und laut und feierlich beschwören ließen: dies ist ein Feigenbaum – der Baum bleibt, was er war, und im nächsten Jahr wird sich's zeigen, da wird er *Äpfel* tragen und keine *Feigen*".

Trefflicher läßt sich kaum beschreiben, was von sozialen Verfassungsgrundrechten als Wunschprogrammen zu halten ist. Nur ergänzend sei an eine Verfassungsbestimmung der alten DDR-Länder Mecklenburg (Art. 21 Abs. 3) und Sachsen-Anhalt (Art. 23 Nr. 3) aus den Jahren 1957/47 erinnert. Dort heißt es wörtlich: „Die Jugend hat das Recht auf Freude und Frohsinn."

Welch schöne Vision! Hier zeigt sich der verfassungspolitische Stellenwert von Programmsätzen und „Wunschrechten". Das Fazit in der Diskussion um eine grundlegende Verfassungsreform lautet: Die Verfassung ist notwendig eine in sich stimmige Einheit. Sie kann nicht beliebig manipuliert oder angereichert werden, ohne daß das Grundkonzept verändert oder sogar verdorben wird. Und gerade dazu besteht weder in der Staats- noch in der Wirtschafts- noch in der Arbeitsverfassung ein Anlaß. Im Gegenteil: Wir werden die Stabilität und die Leistungskraft dieses bewährten rechtlichen Ordnungsgefüges brauchen.

VII. Was bleibt von der Gerechtigkeit?

1. Über Herkunft und Zukunft eines existentiellen Begriffs

Das Verhältnis zwischen Recht und Gerechtigkeit ist ein brisantes Dauerthema der gesamten Menschheitsgeschichte. Vor dem Hintergrund der deutschen Rechtsgeschichte im letzten Jahrhundert hat es eine besondere Dramatik gewonnen.

Der Mensch ist nach Aristoteles (384–322 v. Chr.) ein geselliges, ein politisches Wesen. Seine Sozialnatur verlangt in allen Formen des Zusammenlebens nach „Gerechtigkeit". Diese Sehnsucht ist ein Urtrieb von oft unterschätzter Wirkungsmacht, vergleichbar dem Durst, dem Hunger und der Sexualität. Das Verlangen nach Gerechtigkeit ist darauf gerichtet, die jeweils ideale, vollkommen ‚gerechte' Gesellschafts-, Staats- und Rechtsordnung zu verwirklichen. Dabei gingen die antike Philosophie und Rechtswissenschaft von einer vorgegebenen, untrennbaren Einheit von Gerechtigkeit und Recht aus:

In seiner Nikomachischen Ethik (1134a, 31) sagt Aristoteles (384–222):

„Das Recht ist die Scheidung von Gerechtem und Ungerechtem."

Die römischen Juristen übernahmen das:

„Die Rechtswissenschaft ist die Wissenschaft davon, was gerecht und ungerecht ist." (Ulpian, Dig. 1, 1, 10)
„Das Recht ist die Kunst, das Gute und das Angemessene zu verwirklichen." (Celsus nach Ulpian, Dig. 1, 1, 10)

Schon viel früher haben Philosophie und Rechtswissenschaft nach einer materialen Bestimmung dessen gesucht, was „gerecht" sei. Platon (427–347 v. Chr.), der Schüler des Sokrates (469–399), nennt in seinem Dialog „Der Staat" („Politeia") eine Definition der Gerechtigkeit, die er bereits damals als ‚überliefert' bezeichnet:

Gerechtigkeit besteht danach darin, daß „ein jeder das Seinige und Gehörige hat und tut."[1]

Lange Zeit scheint niemand bemerkt zu haben, daß die Bezugnahme auf „das Seine", was jeder haben und tun soll, eine sprachliche Leerformel darstellt. Deren materialer Gehalt konnte und mußte von dem bestimmt werden, der in der jeweiligen Situation, die zu entscheiden war, die Definitionskompetenz über „das Seine" beanspruchte. Schon Platon hat allerdings in seiner „Politeia" massive Zweifel an der eindeutigen Erkennbarkeit der Gerechtigkeit geäußert.[2]

Aristoteles, Lehrer Alexanders des Großen, hatte das Problem der Bestimmung dessen, was gerecht sein soll, gelöst, indem er dem Staat die Definitionsmacht über die (jeweilige?) Gerechtigkeit zuschrieb und damit die Einheit von Recht und Gerechtigkeit unterstellte:[3]

---

[1] Platon, Politeia, 331e, 433aff.; vgl. schon Homer, Odyssee 14, 84: Überblick bei Erik Wolf, Griechisches Rechtsdenken, Bd. III, 2, Frankfurt a. M. 1956, S. 274.

[2] Platon, Politeia, 432b ff.

[3] Aristoteles, Politik, 1253a 39 ff.

1. Über Herkunft und Zukunft eines existentiellen Begriffs 161

„Die Gerechtigkeit aber stammt erst vom Staat her, denn das Recht ist die Ordnung der staatlichen Gemeinschaft; das Recht ist aber die Entscheidung darüber, was gerecht ist."

Die römischen Juristen haben dieses Kausal- und Rangverhältnis umgekehrt, indem sie das staatliche Recht der Gerechtigkeit nachgeordnet haben. In der Glosse zu Ulpian heißt es:

„Das Recht aber kommt von der Gerechtigkeit gleichsam wie von seiner Mutter, also war die Gerechtigkeit vor dem Recht."

Der Gedanke der Verknüpfung von Recht und Gerechtigkeit ist dann von Aristoteles über Cicero und Augustinus in das römische Recht und in die christliche Soziallehre (Thomas v. Aquin) eingegangen und zum Grundbestand des europäischen Rechts- und Staatsdenkens geworden.[4]

Der Staat mit seinen Gesetzen erschien – schon bei Sokrates und Platon – für die Bürger als der Inbegriff der sittlichen Normen, also die institutionelle Verkörperung der Gerechtigkeitsidee. Damit war, sicher unbewußt, eine frühe Formel für den staatsrechtlichen Gesetzespositivismus vorweggenommen, wie er in der deutschen Staatsrechtslehre im 19. und frühen 20. Jahrhundert absolut herrschend war.[5]

Die Erwartungen vollkommener Gerechtigkeit

Die Vorstellung der römischen Juristen, daß das staatliche Recht der Gerechtigkeit verpflichtet und in seiner

---

[4] Nachweise bei B. Rüthers, Rechtstheorie, 4. Aufl., München 2008, Rdnr. 348.
[5] Nachweise bei B. Rüthers, Rechtstheorie, 4. Aufl. 2008, Rdnr. 470–483.

Geltung von ihr abhängig sei, lebt bis heute fort: „Recht will wahr und richtig sein." So lautete kürzlich der Eingangssatz der fesselnden Rezension eines Kollegen.[6] Die Aussage setzt allerdings voraus, daß das Recht einen eigenen Willen habe und daß dieser Wille darauf ziele, Rechtsnormen sollten intentional „wahr" und „richtig" sein.

Der Satz ist mindestens mißverständlich. Er unterstellt, daß das Recht einen *eigenen* „Willen" haben könne. Das trifft nicht zu. Recht wird von Normsetzern (Gesetzgebung, Richterrecht) geschaffen. Die Normsetzer verfolgen damit ihre konkreten rechtspolitischen Zwecke: Sie wollen bestimmte Lebensbereiche im Sinne ihrer Gerechtigkeitsvorstellungen verbindlich gestalten, also durch geltende Rechtsnormen und Entscheidungen (möglichst) dauerhaft ordnen. Bei der Anwendung des Rechts tritt dann neben den Regelungswillen der Normsetzer oder oft auch in Konkurrenz zu ihm die Regelungs- und Gerechtigkeitsvorstellung der Interpreten, also etwa der Gerichte und der Verwaltungsbeamten. Einen eigenen „Willen" des Rechts gibt es nicht. Seine Beschwörung ist eine Fiktion, bei der regelmäßig und ausschließlich der Wille der Beschwörer erscheint. Das ist dann in der Regel ihre Gerechtigkeitsvorstellung, die sie im Wege der „Auslegung" (besser: Einlegung) an die Stelle des ursprünglichen, gesetzgeberischen Normzwecks setzen.

Recht kann, das ist der zweite Einwand gegen den obigen Satz, auch nicht „wahr" sein. Der Grund dafür ist

---

[6] Klaus Lüderssen, Das Furchtbare erkennen, in FAZ v. 31.12. 2008, Rezension zu Jonathan Littell, Die Wohlgesinnten, Berlin Verlag, Berlin 2008.

1. Über Herkunft und Zukunft eines existentiellen Begriffs 163

einfach und einsichtig. Alle Rechtsnormen sind Handlungsanweisungen der Norm*setzer* an die Norm*adressaten*. Rechtsnormen sind also Gebote. Die Anwender der Normen sollen in denkendem Gehorsam die Gestaltungsziele der Normsetzer verwirklichen. Das ist der Sinn der verfassungsgesetzlich verankerten, durch das Rechtsstaatsgebot und das Demokratieprinzip gebotenen Gewaltenteilung. Die Normsetzung ist im demokratischen Rechtsstaat primär das Privileg der Gesetzgebungsorgane.

Rechtsnormen sind also wertorientierte Handlungsgebote nach den Wertentscheidungen der Gesetzgebung. Wertentscheidungen sind aber ihrer Natur nach nicht „wahr", sondern angemessen, vertretbar oder auch diskussionsbedürftig und -fähig. Rechtssätze sind weder Faktenaussagen noch mathematisch-logische Deduktionen. Jeder Rechtssatz ist ein Erzeugnis menschlicher Überzeugungen und rechtspolitischen Wollens der Normsetzer.

Für Wertentscheidungen gibt es kein „Wahrheitsmonopol" menschlicher Instanzen. Sie sind an vielfältigen Maßstäben meßbar. Sie können moralisch, ökonomisch oder unter technischen Aspekten geboten oder verfehlt, unzweckmäßig, widersinnig, auch verwerflich sein. Aber im logischen Sinne „wahr" sind sie nicht. Sie betreffen nämlich keine Aussagen über nachprüfbare, potentiell beweisbare Fakten, sondern über die Angemessenheit, Wünschbarkeit, Zweckmäßigkeit, die Risiken oder auch die Verwerflichkeit von Verhaltensweisen, Organisationsformen und Institutionen. Es kann daher kein wissenschaftlich begründetes Definitionsmonopol für „wahres" Recht geben. Das würde die Staatsform der Demokratie überflüssig machen. Ihre Normsetzungsinstanzen könnten durch die „Wissenden um das wahre Recht" ersetzt werden. Alle Spekulationen in dieser Richtung dürfen als historisch widerlegt gelten. Sie sind mit einer demokratischen Verfassung des Gemeinwesens nicht vereinbar. Die Gesetzgebung, nicht die Justiz repräsentiert die primäre Rechtsetzungskompetenz.

Ähnliche Probleme bringt die Lehre vom „richtigen Recht" mit sich. Dazu hat es im Lauf der Rechtsgeschichte viele Bemühungen gegeben. Hier sei beispielhaft auf den Beitrag von K. Larenz zum Thema hingewiesen.[7] Dieser Autor hat, wie viele seiner Generationskollegen, das *jeweils* „richtige" Recht in drei aufeinander folgenden, gegensätzlichen Verfassungsepochen mitgestaltet („erneuert") und kommentiert. Die Bemühungen und Ergebnisse dieser Rechtserneuerer zeigen, daß jede Verfassungs- und Kulturepoche ihre eigenen Richtigkeitsvorstellungen sowohl bei der Setzung wie bei de Interpretation der Rechtsnormen durchzusetzen versuchte.[8]

Der rechtspolitische Wille der Normsetzer ist zudem – die vielen Unrechtssysteme der Weltgeschichte beweisen es – durchaus nicht notwendig auf ein „wahres" und „richtiges" Recht gerichtet, sondern auf sie Realisierung

---

[7] Beispielhaft. Karl Larenz, Richtiges Recht, Grundzüge einer Rechtsethik, München 1979, 2. Auflage 1998. Vgl. ferner Anna B. Stier, ‚Richtiges Recht' zwischen Entwicklungs- und Kulturgedanken – Prinzipien der Rechtsgestaltung in der Rechtstheorie um 1900, München 2006.

[8] Nachweise bei B. Rüthers, Entartetes Recht – Rechtslehren und Kronjuristen im Dritten Reich, 3. Aufl., dtv wissenschaft, München 1994; ders., Die unbegrenzte Auslegung, 6. Aufl., Tübingen 2007, S. 302–322, 323–326; ders., Wir denken die Rechtsbegriffe um ... – Weltanschauung als Auslegungsprinzip, TEXTE UND THESEN Bd. 199, Edition Interfrom, Zürich 1987, S. 62–88 mit zahlr. Nachweisen.

1. Über Herkunft und Zukunft eines existentiellen Begriffs

ihrer Machtansprüche. Auch Unrechtsstaaten schaffen sich ihr „Recht". Recht und „Richtigkeit" sowie Gerechtigkeit können weit auseinanderfallen.

Schon Augustinus (354–430), Bischof von Hippo, Rechts-, Staats- und Kirchenlehrer der frühen Kirche, formuliert diese Erfahrung in einem drastischen Bild:

„Was anderes sind also Reiche, wenn ihnen Gerechtigkeit fehlt, als große Räuberbanden? Sind doch auch Räuberbanden nichts anderes als kleine Reiche. Auch da ist eine Schar von Menschen, die unter Befehl eines Anführers steht, sich durch Verabredung zu einer Gemeinschaft zusammenschließt und nach fester Übereinkunft die Beute teilt. Wenn dies üble Gebilde durch Zuzug verkommener Menschen so ins Große wächst, daß Ortschaften besetzt, Niederlassungen gegründet, Städte erobert, Völker unterworfen werden, nimmt es ohne weiteres den Namen Reich an, den ihm offenkundig nicht etwa hingeschwundene Habgier, sondern erlangte Straflosigkeit erwirbt. Treffend und wahrheitsgemäß war darum die Antwort, die einst ein aufgegriffener Seeräuber Alexander dem Großen gab. Denn als der König den Mann fragte, was ihm einfalle, daß er das Meer unsicher mache, erwiderte er mit freimütigem Trotz: Und was fällt Dir ein, daß Du das Erdreich unsicher machst? Freilich, weil ich's mit einem kleinen Fahrzeug tue, heiße ich Räuber. Du tust es mit einer großen Flotte und heißt Imperator." (De civitate Dei, IV,1)

Thomas v. Aquin (1225–1275) übernimmt diesen Gedanken. Jede Herrschaft muß auf das Gemeinwohl bedacht sein, denn ist sie das nicht, ist sie ungerecht und wider die Natur. Daraus folgt, daß jede Herrschaftsform gut ist, wenn sie gerecht ist. Aus dieser Sicht rechtfertigt Thomas unter bestimmten Bedingungen auch einen Tyrannenmord:

„Vielen scheint es nun, wenn die Ausschreitungen der Gewaltherrschaft ein unerträgliches Maß erreichen, zu der Tugend tapferer Männer zu gehören, den Tyrannen zu ermorden und für die Befreiung des Volkes sich auch einer Todesgefahr auszusetzen. ... Es ist wohl besser, gegen die grausame Bedrückung der Tyrannen nicht nach dem persönlichen Dafürhalten einiger weniger, sondern nach allgemeinem Beschluß vorzugehen. Denn wenn es erstens zum Rechte eines Volkes gehört, sich selbst einen König zu bestimmen, so kann mit vollem Rechte der eingesetzte König von eben demselben Volke von seinem Platze entfernt oder seine Macht eingeschränkt. (Thomas v. A., Über die Herrschaft der Fürsten, I, 6, 24)

Dass Christentum hat mit dem biblischen Gebot, der staatlichen Obrigkeit untertan zu sein (Römerbrief 13, 1)[9], der Vorstellung einer Einheit von Staat, Recht und Gerechtigkeit Vorschub geleistet. Die christliche Monarchie von Gottes Gnaden galt beiden christlichen Konfessionen bis in das 20. Jahrhundert hinein als *die* ideale Staatsform. Beide hatten nach 1919 und nach 1945 erhebliche Schwierigkeiten mit der Anpassung ihres Staats- und Gesellschaftsbildes an die demokratischen, liberal-pluralistischen Organisationsformen von Staat und Gesellschaft.

Von maßgeblichen Vertretern der katholischen Soziallehre wurde das Leitbild einer klassenlosen „berufsständigen Ordnung" nach den Vorgaben der Enzyklika „Quadragesimo anno" Pius XI. (1931) noch bis in die 60er Jahre des vorigen Jahrhunderts propagiert, also eine „ständestaatliche Ordnung" statt eines liberalen Verfassungsstaates. Die staatliche „Obrigkeit" war eine von Gott gesetzte, zum prinzipiellen Gehorsam verpflichtende, überweltliche Instanz. Historisch abgeleitet wurde

---
[9] „Jedermann sei untertan der Obrigkeit. Denn es ist keine Obrigkeit, es sei denn von Gott. Wer sich also auflehnt gegen die Obrigkeit, der widersteht Gottes Ordnung ..."

1. Über Herkunft und Zukunft eines existentiellen Begriffs 167

diese Vorstellung weit über den kirchlichen Raum hinaus durch die Theorie eines „Heiligen römischen Reiches deutscher Nation" als Urtyp christlicher Staatsgestaltung. Diese „Reichstheologie" hat das deutsche Staatsdenken nachhaltig beeinflußt.[10]

Die religiös, nicht selten auch pseudoreligiös unterlegte Reichsideologie[11] hat das Staatsdenken in Deutschland vereinzelt bis in die Gegenwart, ja noch in den europapolitischen Diskussionen geprägt. Der Staat wurde als eine gleichsam überweltliche, vorgegebene Autorität definiert. Die Vorstellung der Moderne, daß der Staat das Ergebnis der politischen Selbstgestaltung einer Gesellschaft freier und gleicher Bürger sein könne, war diesem Denken fremd. Sie wurde von deutschen Staatsrechtslehrern noch nach dem zweiten Weltkrieg als befremdlich, ja absurd empfunden.[12] Das autoritäre Staatsbild und die überwiegende kritische Distanz der deutschen Staatsrechtslehre gegenüber der Weimarer Republik wirkten nach. Nach den Erfahrungen der staatlichen Unrechts-

---

[10] Als ein Beispiel sei auf die Schrift von C. Schmitt, Römischer Katholizismus als politische Form, Hellerau 1923, verwiesen, die in 2. Auflage, München 1925, mit dem katholischen „Imprimatur" des Münchener Ordinariats erschien.

[11] Hier waren sich übrigens die „Schmittianer" und die „Deutschen Christen" einig. C. Schmitt und E. Forsthoff (dessen Vater ein führender Funktionär dieser „NS-Kirche" war) hielten zeitlebens die gesellschaftlichen Kontakte zu deren Protagonisten aufrecht.

[12] Vgl. beispielhaft die polemisch-kritische Schrift von Ernst Forsthoff, Der Staat der Industriegesellschaft, München 1971. Der Hintergrund dieser Demokratie-kritischen Einstellung vieler ehemaliger Starjuristen des vergangenen autoritären Systems wird in dem publizierten „Briefwechsel Ernst Forsthoff Carl Schmitt (1926–1974), Hrsg. von D. Mußgnug, R. Mußgnug und A. Reinthal, Berlin 2007, augenfällig.

systeme wissen wir, daß dies eine gefährliche Täuschung war.

Umso erstaunlicher ist die Tatsache, daß die Vorstellung einer untrennbaren Einheit von Staat und Recht, von Recht und Gerechtigkeit, vom Staat als dem Inbegriff der Sittlichkeit in weiten Schichten der Bevölkerung, auch in den maßgebenden Gesellschaftseliten über alle Umbrüche hinweg unvermindert fortzuleben scheint. Sie zieht sich, ausgehend von Sokrates, Platon und Aristoteles über das Mittelalter bis zum deutschen Idealismus durch die gesamte europäische, insbesondere die deutsche Geistesgeschichte. Für Kant und Hegel war der Staat die „Wirklichkeit der sittlichen Idee", der Inbegriff des Sittlichen. Dem entsprechend wurde und wird der Begriff der *Gerechtigkeit* bis heute, nicht nur unter Juristen, sondern vor allem auch in der Alltagssprache der politischen Diskussionen, in den Medien, speziell im gesellschaftspolitischen Verteilungskampf, aber auch im Kindergarten, in Schule, Kirche, Elternhaus und am Stammtisch, regelmäßig im Singular verwendet. Jeder Verwender ist überzeugt, er weiß genau was die ‚Gerechtigkeit' im jeweiligen Zusammenhang vermeintlich für alle verbindlich konkret zu bedeuten hat und gebietet.

Den Staat, wie er sein soll, verstand, daran ist zu erinnern, schon Sokrates (nach der Überlieferung durch Platon) als den Inbegriff der sittlichen Ordnung, als Verkörperung der Idee der Gerechtigkeit. Übersehen ist dabei, daß der Staat zuerst und zugleich die reale *Macht*, später seine vermeintlich absolute „Souveränität" („Allmacht" im Sinne der „politischen Theologie" von C. Schmitt[13])

---

[13] C. Schmitt, Politische Theologie, Zweite Ausgabe, München

1. Über Herkunft und Zukunft eines existentiellen Begriffs 169

verkörpert und daß diese Tatsache das Ausschlaggebende, die Grundbedingung seines Daseins ist.

Den Widersinn dieser Vorstellung zeigt gerade das Schicksal des Sokrates: Einer der edelsten Männer Hellas wurde nach den Gesetzen des hellenistischen Staates durch ein „Volksgericht" verurteilt, den Schierlingsbecher zu trinken. Seinen Richtern hielt er ihren Auftrag entgegen:

„Denn nicht dazu nimmt der Richter seinen Sitz ein, das Recht nach Wohlwollen zu verschenken, sondern um das Urteil zu finden, und er hat geschworen – nicht gefällig zu sein, wenn er gerade will, sondern – Recht zu sprechen nach den Gesetzen."

In dem seinem Schlusswort betonte Sokrates die Ungerechtigkeit der Verurteilung und bescheinigte seinen Anklägern Bosheit. Er nahm das Urteil aber ausdrücklich an und äußerte nach Platons Überlieferung:

„Vielleicht musste dies alles so kommen, und ich glaube, es ist die rechte Fügung."

Hier zeigt sich erneut die transzendentale Dimension seines Verständnisses von Staat, Recht und Gerechtigkeit. Seine Anhänger tröstete er: „Es ist Zeit, dass wir gehen – ich um zu sterben, ihr um zu leben: wer aber von uns den besseren Weg beschreitet, das weiß niemand, es sei denn der Gott."

Dieser Tod des Sokrates führte nicht nur den konkreten Staat Hellas, sondern die gesamte idealistische Staatsphilosophie ad absurdum.[14]

---

und Leipzig 1934, S. 49: „Alle prägnanten Begriffe der modernen Staatslehre sind säkularisierte theologische Begriffe."
[14] Vgl. dazu Werner Jäger, Aristoteles , 2. Aufl. Berlin 1955, S. 425 f.

Der Glaube an die gleichsam ‚vorgegebene' Sittlichkeit des Staates, seine wesensnotwendige Gerechtigkeit, hat gleichwohl die Jahrhunderte überdauert. Im rechtswissenschaftlichen Positivismus aller Spielarten (Gesetzespositivismus, Richterpositivismus)[15] ist er bis heute lebendig. Der Positivist erkennt jede ordnungsgemäß erlassene staatliche Rechtsnorm als systemgerecht geltendes Recht an. In der „reinen Rechtslehre" von Hans Kelsen (1881–1973) hat diese Auffassung ihre theoretische Verfeinerung und Zuspitzung erfahren.[16]

Dieser Glaube ist inzwischen durch die grausamen Erlebnisse der terroristischen Unrechtssysteme in Deutschland, in Europa und in der ganzen Welt nachhaltig in Zweifel geraten. Das ‚überirdische' Bild vom sittlichen Staat und seinen Gerechtigkeiten ist zerbrochen. Staat, Recht und Gerechtigkeit sind primär Menschenwerk. Sie erfordern die dauerhafte, aktive Wachsamkeit und die Einsatzbereitschaft aller Bürger, wenn Wiederholungen vermieden werden sollen.

Die Erfahrungen mehrfacher grundlegender Verfassungswechsel in schneller Folge haben in einem langsamen, zunächst kaum wahrgenommenen Prozeß zunächst das Staatsbild verändert. Die Vorstellung von einer überweltlich legitimierten Staatsautorität behielt lange eine zähe Lebenskraft. Auch der Glaube, daß der Staat und seine Rechtsordnung die ideale Gerechtigkeit repräsentiere und verwirklichen könne, hat sich erstaunlicher Weise in weiten Bevölkerungsschichten bis heute erhalten.

---

[15] B. Rüthers, Rechtstheorie, 4. Aufl., München 2008, Rdnr. 466–492.
[16] Dazu B. Rüthers, Rechtstheorie, 4. Aufl., München 2008, Rdnr. 475 ff.

2. Die Vorzüge realistischer Skepsis

Mancher Leser, der den Texten des Buches bis hierher gefolgt ist, wird vielleicht verunsichert, ja ungehalten sein ob der kritischen und skeptischen Feststellungen zur Kernsubstanz des Gerechtigkeitsbegriffs, die hier vorgelegt werden. Für viele wird ein bisher meistens unbewußtes Tabu berührt oder gar gebrochen. Die Sehnsucht nach einer einfachen, klaren und unbezweifelbaren Gerechtigkeit ist im allgemeinen Bewußtsein tief verankert. Nun erscheint plötzlich alles oder doch vieles subjektiv, relativ und unsicher.

Es ist richtig: Die vorstehenden Überlegungen sind der Versuch einer „Entmythisierung" der Gerechtigkeitsdebatte. Sie sollen zeigen, daß die Erwartung einer allgemeingültigen, eindeutigen und sicheren Gerechtigkeit gegenüber den Maßnahmen und Entscheidungen menschlicher, besonders staatlicher Instanzen – und sei es ein höchstes Gericht – von vornherein zum Scheitern verurteilt ist. Die Erwartung ist eine unerfüllbare und maßlose.

Die Rechtsgeschichte und die Rechtsvergleichung bieten verläßliche Auskünfte zur Korrektur falscher Erwartungen. Gerechtigkeitsbilder und -sehnsüchte sind so vielfältig und verschieden wie die Kulturen, Weltanschauungen, Religionen, Ideologien und Sozialphilosophien, denen sie entstammen oder die von ihnen geprägt sind. Die bereitwillige Annahme dieser Einsicht, das Bewußtsein von der Vielfalt und Konkurrenz der variablen „Gerechtigkeiten" ist das erste Anliegen dieses Buches.

Gesetze und Entscheidungen können demnach zeitgerecht, systemgerecht, kulturgerecht, sachgerecht sein;

absolut-gerecht hingegen findet sie nur der, der mit den darin verwirklichten Wertmaßstäben vorbehaltlos übereinstimmt, etwa der treue Glaubens- oder Parteigenosse der entscheidenden Instanz. Recht gilt aber in liberalen Verfassungsstaaten nicht nur für Anhänger der wertbestimmenden Mehrheit, sondern auch und gerade für abweichend überzeugte Minderheiten, die sich rechtskräftigen Maßnahmen und Entscheidungen zu beugen haben. Vollkommene Gerechtigkeit ist in menschlichen Gemeinschaften nicht zu haben. Sie steht in einem natürlichen Spannungsverhältnis zum Mehrheitsprinzip der Demokratie.

3. Die Subjektivität der Maßstäbe

Das Bedürfnis nach Gerechtigkeit ist ein Teil der persönlichen Sehnsucht nach Glück und Vollkommenheit, die in jedem Menschen angelegt ist. Gerechtigkeit ist daher ein zentraler Wert in der Sicht des einzelnen Menschen und ein unverzichtbarer Bestandteil für jede Form menschlicher Gesellung von der Familie bis zum Staat und zur Völkergemeinschaft. Bei allen menschlichen Gesellungsformen handelt es sich insoweit auch um *Werte*gemeinschaften. Das zeigt sich noch am Extrem: Selbst in kriminellen Vereinigungen der verschiedensten Arten gelten in der Regel strenge Verhaltens- (= Gerechtigkeits-)Regeln bis hin zu hart sanktionierten Ehrenkodices.

Das Gerechtigkeitsgefühl des einzelnen Menschen ist ein Teil seines individuellen, in der Regel sehr subjektiven Weltbildes. Der Mensch braucht – in der Kürze seines Lebens – Orientierung. Er will sein Dasein so gut es geht verstehen, will wissen, wie diese Welt aussieht, woher sie kommt, wohin sie geht und wo er steht. Er braucht dieses sein Weltbild als Schutz und Halt gegen Daseins- und Zukunftsängste in einer überwiegend unsicheren Welt.

Solche individuellen Weltbilder sind schon wegen der Kürze des menschlichen Lebens unvermeidbar zeitbedingt gesellschaftlich geformt. Sie werden in Elternhaus, Kirche, Schule und vielen anderen Kreisen vorgeprägt. Diese „Kindheitsmuster" prägen – sei es in Anpassung oder in Emanzipation – lebenslang unser Denken und Handeln. Sie sind unsere individuelle „Weltanschauung" oder auch unsere subjektive Ideologie. Das individuelle Gerechtigkeitsempfinden und seine Maßstäbe sind ein Teil dieser Ideologie. Das ist ein Faktor von kaum zu überschätzender Reichweite.

Hier ist eine Anmerkung zum Gebrauch des Wortes Ideologie zu machen: Der Ideologiebegriff dient in der Regel dazu, die vermeintlich irrige Theorie oder Weltanschauung der anderen abzuwerten. Wir selbst vertreten die „wahren", „richtigen" Einsichten. Die anderen sind einer (falschen) Ideologie verfallen. Das Wort hat so eine Knüppelfunktion gegen abweichende Überzeugungen.

Gerade die Diskussion um Fragen der Gerechtigkeit, die durch die gesamte Menschheitsgeschichte geführt wird, zeigt die Gefahren dieses Begriffsgebrauchs. Wir sollten einsehen, daß unser eigenes Bild von Gerechtigkeit sich notwendig aus geglaubten, nicht ohne weiteres beweisbaren Voraussetzungen und Annahmen, Vertrauensvorschüssen und Wertvorstellungen, nicht zuletzt auch Interessenbefangenheiten zusammensetzt. Es ist ein Teil einer individuellen *Ideologie*, die zwar unserer ehrlichen Überzeugung entspricht. Aber dieses subjektive

Gerechtigkeitsmuster ist zeit-, erfahrungs- und milieugebunden. Es ist der letzte Stand eines möglichen Irrtums.

4. Die Konkurrenz der Gerechtigkeiten als Wettstreit von Ideologien

Der Verweis auf den sehr persönlichen Bezug von Welt- und Gerechtigkeitsbildern ist ein weiterer Beleg für die Erkenntnis, daß es viele verschiedene und hart konkurrierende Gerechtigkeitsvorstellungen geben kann, ja muß. Die Frage nach der „wahren" Gerechtigkeit ist in liberalen Gesellschafts- und Staatsordnungen auf eine Vielfalt möglicher Antworten angelegt. Jede Parlamentsdebatte über Grundfragen der Sozialgestaltung zeigt das. Vielleicht wäre es nützlich und erzieherisch, nur noch von der Mehrzahl, also von Gerechtigkeiten, zu reden. Die freie Konkurrenz sehr verschiedener Gerechtigkeitsvorstellungen ist ein Kernstück freier Persönlichkeitsentfaltung und demokratischer Staatsorganisation. Der Totalitätsanspruch eines einzigen uniformen Gerechtigkeitsdogmas („die wahre Gerechtigkeit") birgt – politisch umgesetzt – das Risiko von Diktatur und Terror.[17]

Das führt zum kollektiven Aspekt des Themas. Der Mensch sucht nicht nur sein individuelles Weltbild, seine Ideologie; er sucht daneben vielfach die Wärme und Geborgenheit einer Weltanschauungsgemeinschaft. Er ist zugleich ein soziales (Aristoteles) und ein ideologisches (= auf Ideologien angelegtes) Wesen. Die suggestive

---

[17] Dazu B. Rüthers, Toleranz in einer Gesellschaft im Umbruch, Konstanz 2005.

4. Die Konkurrenz der Gerechtigkeiten 175

Macht der Gemeinschaftsideologien in allen totalitären Systemen hat hier ihre natürliche Basis. Erinnern wir uns noch: „Du bist nichts, dein Volk ist alles!" oder: „Die Partei, die Partei, sie hat immer recht!"?

Alle großen und kleinen „Bewegungen" der Geschichte treten im Namen einer höheren, besseren Gerechtigkeit (Rechtsidee, Naturrecht) auf. Ideologische Propaganda besteht oft in dem Anspruch, das große Glück in der gerechteren Welt zu verwirklichen.

Ideologien in dem kollektiven Sinn der Weltanschauungsgemeinschaften sind Mixturen aus politischen Ideen, wissenschaftlichen Ableitungen, klassenspezifischen Gerechtigkeitswünschen und utopischen Heilsgewißheiten. Sie beantworten Fragen der Weltdeutung, also im Kern „Glaubensfragen" in einem weiten Sinn dieses Wortes. Ihre Welt- und Gerechtigkeitsbilder können religiös oder philosophisch begründet sein. Welterfahrung und Weltdeutung sind zeitgeistabhängig. Wir alle sehen das, was wir für wahr und gerecht halten, durch ein – meist unbewußtes – unvermeidbares Medium: durch die „Brille" unseres Weltbildes und des Zeitgeistes. Diese Brille ist getrübt und schwer zu putzen. Ich erinnere an Xenophanes, den weisen griechischen Erkenntnistheoretiker (500 v. Chr.), der es bildhaft formuliert hat: Wenn die Pferde sich ein Gottesbild machen, wird dieser Gott einen Pferdekopf tragen.

Die Geschichte der staatlichen „Gerechtigkeitsinstitutionen", die wir Justiz und Jurisprudenz nennen, gibt anschauliche Zeugnisse für diese These. Justiz und Jurisprudenz sind in allen geschichtlichen Epochen überwiegend Diener der jeweiligen „Systemgerechtigkeit" gewesen. Das gilt auch für die Unrechtsstaaten des Nationalsozialismus und des SED-Sozialismus. Juristen leben

– wie alle „öffentlichen" Berufe, etwa auch die Journalisten – in der professionellen Nähe zur jeweils herrschenden Ideologie und ihren Machthabern. Das gilt im Rechtsstaat wie im Unrechtsstaat.

Gerade im Kampf um die reinere Gerechtigkeit zeigt sich die Zeitgebundenheit der verkündeten Gerechtigkeitsideale. Der Mensch ist ein Gefangener seiner Welt- und Gerechtigkeitsanschauungen. Er lebt in den Gedanken- und Sprachkäfigen seiner jeweiligen Ideologie und des Zeitgeistes. Das Entkommen daraus ist schwierig und gefährlich, besonders, wenn das individuelle Weltbild eingebunden ist in die herrschende Ideologie einer mächtigen Weltanschauungsgemeinschaft. Die individuelle Distanzierung, das Gewinnen abweichender Einsichten wird dann oft intellektuell mühsam, individuell schmerzlich und existentiell gefährlich. Der Abweichler wird gern isoliert, ausgestoßen in vielfältigen Formen bis hin zur physischen Bedrohung oder Vernichtung.

Die ideologische „Wahrheit" macht leicht selbstgewiß, siegessicher und grausam („Sieg der Geschichte"; „Tausendjähriges Reich"). Im Namen der absoluten Gerechtigkeit werden – die Geschichte belegt es vielfach – unbedenklich Untaten verübt. Ihr vermeintlicher Besitz ist die ständige Versuchung zum Terror des Gutgemeinten. Ihr „Sieg" rechtfertigt fast beliebige Opfer.

5. Zeitgeist und Gerechtigkeit im Wechsel der Systeme: Die Erfahrung zerbrochener Träume

Das Thema der Gerechtigkeit(en) hat in Deutschland seine Aktualität und Brisanz durch die häufigen Wechsel der politischen Systeme erlangt. Systemwechsel sind in aller Regel auch Wechsel der jeweiligen Staats- und Gerechtigkeitsideologie.

Das Kaiserreich stützte sich auf die Lehre vom „Gottesgnadentum". Die Weimarer Republik folgte mit der Idee einer schrankenlosen Mehrheitsherrschaft dem staatsrechtlichen Positivismus ihrer Epoche. Der NS-Staat verkündete Rasse und Führertum als Grundlagen totaler Herrschaft. Für den realen Sozialismus war der Marxismus-Leninismus Wissenschaft und transzendentale Geschichtsphilosophie zugleich. Die Bundesrepublik versteht sich als Grundrechtsdemokratie mit Kerngehalten (Menschenwürde, Demokratie, Rechtsstaat), die dem Mehrheitsentscheid entzogen wird. Jeder dieser Staatsideologien entsprach und entspricht ein spezifisches Gerechtigkeitsbild. Diese nüchterne Einsicht vermag viele persönliche und kollektive Ent-Täuschungen zu erklären. Sie mögen dadurch individuell kaum weniger schmerzlich erfahren werden.

Der Zusammenbruch und das Auswechseln von Gerechtigkeitsvorstellungen, die für wahr, unverbrüchlich, ja für „ewige Wahrheiten" gehalten wurden, ist allemal schmerzlich. Jeder Vorgang dieser Art hinterläßt geistige, moralische und psychische Trümmerlandschaften, zerbrochene Träume. Systemwechsel bewirken oft Hochkonjunkturen gefühlter Ungerechtigkeiten auf fallen Seiten.

Systemwechsel mit der Folge neuer Gerechtigkeitspostulate bewirken individuelle und kollektive Identitäts- und Existenzkrisen. Wir kennen das aus den Jahren nach 1945, und wir sehen das heute landauf, landab nicht nur in den neuen Bundesländern, sondern auch unter jenen zahllosen westlichen Intellektuellen, welche die verbrecherischen Unrechtssysteme des realen Sozialismus, etwa die DDR, über Jahrzehnte hin als „ganz normale Staaten" (G. Grass: Die DDR war eine „kommode Diktatur".) propagiert haben.

Ideologien einer neuen, besseren Welt und ihrer reineren Gerechtigkeit sind für ihre gläubigen Anhänger ein Stück geistige und seelische Heimat. Sie geben Wärme, Daseinsvertrauen und Zukunftsgewißheit. Wer sucht das nicht? Die Folgen eines Zusammenbruchs sind offensichtlich. Die zerbrochene Ideologie macht ihre Jünger geistig heimatlos, seelisch obdachlos und verzweifelt. Der individuelle Traum einer besseren Welt, wie falsch und verlogen er auch objektiv gewesen sein mag, wird zerstört. Zurück bleiben Vereinsamung, Niedergeschlagenheit und Zukunftsangst.

6. Die unvollkommenen Gerechtigkeiten als Preis des liberalen Verfassungsstaates

Die Summe dieser Feststellungen legt eine gesunde Skepsis nahe gegenüber Hoffnungen auf eine staatlich garantierte letzte, wahre, „absolute" Gerechtigkeit. Sie ist kein mögliches Produkt staatlicher Justiz oder akademischer Jurisprudenz.

Auch der demokratische und soziale Rechtsstaat ist weder ein Luxusdampfer in Sachen sozialer Gerechtigkeit noch, wie schon erwähnt, ein Gourmet-Restaurant für himmlische Gerechtigkeitsgenüsse. Was er zu leisten vermag, das ist bestenfalls die erfolgreiche Suche nach einem fairen, institutionell gesicherten Ausgleich zwischen unterschiedlichen Gerechtigkeitsvorstellungen bei staatlichen und gesellschaftlichen Steuerungsmaßnahmen und Entscheidungen.

6. Die unvollkommenen Gerechtigkeiten

Im freiheitlichen, darum pluralen Verfassungsstaat kann nur der vertretbare Kompromiß zwischen gegensätzlichen Gerechtigkeitsvorstellungen systemgerechte Lösungen bewirken. Die insofern unvollkommene Gerechtigkeit ist sein Programm. Das Opfer, das dabei von denen verlangt wird, die ihre Position gar nicht oder nur unzulänglich berücksichtigt sehen, mag ihnen subjektiv höchst ungerecht erscheinen. Genau besehen ist dies der Preis, der von jedem demokratisch gesinnten Bürger für den liberalen Verfassungsstaat zu zahlen ist. Dieses Ungerechte gehört zu seiner (System-)Gerechtigkeit. Wir sollten es zu schätzen wissen.

Darum ist es eine grobe, allerdings häufige Fehldeutung des Begriffs, ein massiver Irrtum über das erreichbar Maß von staatlich vermittelter Gerechtigkeit in Gesetzen, Gerichtsurteilen und politischen Entscheidungen auf allen Ebenen, der Bärbel Bohley klagen ließ: „Wir haben Gerechtigkeit erwartet, bekommen haben wir den Rechtsstaat." Dieser so geschmähte Rechtsstaat ist zwar kein Garant für die Erfüllung individueller oder kollektiver Gerechtigkeitsideale und -utopien. Aber er bietet wegen der ihm eigenen demokratisch-rechtsstaatlichen Sicherungen einen gewissen Schutz gegen den Triumph und die Diktatur unbestimmter, nicht selten totalitärer Gerechtigkeitsträume von Minderheiten, verbunden mit einem ausgeprägten, grundrechtlich gesicherten Minderheitenschutz.

Gerade die Juristen sollten sich zudem der Unsicherheit und der möglichen Ungerechtigkeit der von ihnen gefällten Entscheidungen bewußt sein. Auch für sie gilt: Alle ihre Rechtsakte sind immer der letzte Stand des möglichen Irrtums. Vollkommene, „ewige" Gerechtigkeit haben sie nicht im Angebot. Staatliche Rechtsordnungen und die sie praktizierenden Justizapparate sind fehlbare „Erhaltensordnungen". Sie können und sollen grobes Unrecht und Willkür eingrenzen, oft sogar verhindern, mehr nicht. Wenn das allen Beteiligten bewußt wird, lassen sich schwerwiegende Enttäuschungen vermeiden.

Namensregister

Fundstellen in Fußnoten werden durch kursive Seitenzahlangabe kenntlich gemacht.

Ackermann, Josef VII
Aristoteles 159–161, 168, *169*, 174
Augustinus 72, 140, 147, 161, 165

Benda, Ernst *75*
Böckenförde, Ernst-Wolfgang *23*
Bohley, Bärbel V, 134, 179
Brunner, Georg *22*
Bülow, Oskar *116*
Bullinger, Heinrich 42
Bydlinski, Franz *80*

Calvin, Johannes 15, 40f., 43f., 46, 48, 50, 52, 54
Canaris, Claus-Wilhelm *123*
Celsus, Publius Iuventus 160
Cicero, Marcus Tullius 161
Claudius, Matthias 83
Coing, Helmut *80*

Dahm, Georg *78*
de Soto, Domingo 51
de Suárez, Francisco 51
de Vitoria, Francisco 51

Depenheuer, Otto 138
Dieterich, Thomas *76f.*
Dreier, Ralf *81*

Eckhardt, Karl August *78, 97, 98*
Enneccerus, Ludwig *103*
Eser, Albin 65
Esser, Klaus VII

Fechner, Erich *73*
Fikentscher, Wolfgang 65
Finkelnburg, Klaus 144
Fischer, Christian *126*
Flume, Werner 65
Forsthoff, Ernst 97, *167*
Friedrich II., König v. Preußen 120
Furth, Peter *22*

Gamillscheg, Franz *119*
Geiger, Willi V, 134, 135
Gelasius I., Papst 63
Gladikow, Burkhard *23*
Glaukon 69
Gorschenek, Günter *28*
Grass, Günter 178

Hartung, Fritz 89
Hartz, Peter VII
Heck, Philipp 64, 97
Heckel, Johannes 38
Hegel, Georg Wilhelm Friedrich 101, 168
Henkel, Heinrich *79f.*
Herzog, Roman 156
Hetzer, Wolfgang *139*
Heyen, Erk V. *17, 23, 25*
Hitler, Adolf 96f.
Hofer, Walther *108*
Höhn, Reinhard 78
Hollerbach, Alexander *17, 23, 25*
Holmes, Oliver Wendell 61
Homer *160*
Honecker, Erich XV, 142–148
Hus, Johannes 35

Isensee, Josef 137
Iser, Wolfgang *116*

Jäger, Werner *169*
Jakobs, Günther 136–138

Kant, Immanuel 103, 168
Karl V., Kaiser 37, 48
Kelsen, Hans 79, 170
Kerrl, Hanns 97
Kissel, Otto Rudolf *120*
Kohlhase, Hans 46

Lange, Hermann *94, 104*
Langner, Albrecht *17*
Laotse 70

Larenz, Karl *65, 79f., 94f.,* 97, 99, *100f., 103f.,*105, 107, *108,* 109, *110f.,* 164
Lassalle, Ferdinand 151f., 157
Leibholz, Gerhard *30*
Leo X., Papst 37
Lerche, Peter *117*
Lieber, Hans-Joachim 22
Limbach, Jutta 146
Littell, Jonathan *162*
Lüderssen, Klaus *162*
Luther, Hans 33
Luther, Martin 33-42, 44–47, 52–54

Margot, Honecker 143
Marquard, Odo 54
Marx, Karl 22
Meissner, Boris 22
Michaelis, Karl *107, 109*
Migne, Jacques Paul *63*
Müller, Ingo *58*
Müntzer, Thomas 47
Mußgnug, Dorothee *167*
Mußgnug, Reinhard *167*

Naujoks, Hans *104*
Nipperdey, Hans Carl *103*

Ogorek, Regina *116*

Pius XI., Papst 166
Platon 10, 68–70, 83, 160f., 168f.
Popper, Karl Raimund V, 11, *134, 149, 155*

Rauscher, Anton *23*
Reinthal, Angela *167*
Riegel, Klaus-Georg *26*
Ritterbuch, P. *78*
Rosenbaum, Wolf *17*
Rosendorfer, Herbert V, *134*

Savonarola, Girolamo *35*
Schäfer, Hans *65*
Schelanske, H.D. *17*
Scheuerle, Wilhelm *81*
Schmitt, Carl *78, 94, 96f.,*
  99, 100f., 139, *167,* 168
Scholz, Rupert 145
Schönfeld, Walther *96*
Schroer, Hermann *96*
Schumpeter, Joseph 155
Siebert, Wolfgang *78,* 97,
  105, 111
Sokrates 160f., 168f.
Stammler, Rudolf *81*
Starck, Christian 145
Steiner, Georg 67
Stier, Anna B. *164*
Stoll, Heinrich *94*

Tisch, Harry 136

Topitsch, Ernst 54
Ulpian, Domitius 160f.
Aquin, Thomas von 161, 165
Gierke, Otto Friedrich
  von 102–104
Kleist, Heinrich von 46, 146
Savigny, Friedrich Karl
  von 102f.

Vázquez, Gabriel 51

Westermann, Harry *104*
Wittgenstein, Ludwig 81f.
Wolf, Christa 66
Wolf, Erik *94–96, 105–107,*
  110, 160
Wolf, Ernst *104*
Würtenberger, Thomas *82*

Xenophanes 175

Yutang, Lin *72*

Zeidler, Wolfgang 18
Zumwinkel, Klaus VII
Zwingli, Huldrych 15, 41–
  44

Schriften des Verfassers zum
Thema Gerechtigkeit

- Die unbegrenzte Auslegung, 6. Auflage, Tübingen 2005
- Rechtstheorie, 4. Auflage, München 2008
- Geschönte Geschichten – Geschonte Biographien / Sozialisationskohorten in Wendeliteraturen, Tübingen 2001
- Rechtsordnung und Wertordnung – Zur Ethik und Ideologie im Recht, Konstanz 1986
- Entartetes Recht – Rechtslehren und Kronjuristen im Dritten Reich, 3. Auflage, München 1990
- Wir denken die Rechtsbegriffe um ... Weltanschauung als Auslegungsprinzip, Edition Interfrom, Zürich 1987
- Toleranz in einer Gesellschaft im Umbruch, Konstanz 2005
- Verräter, Zufallshelden oder Gewissen der Nation? – Facetten des Widerstandes in Deutschland, Tübingen 2008